Marietta Cronjaeger

Das Breikoch-buch

Marietta Cronjaeger

Das Breikoch-buch

Leckere Rezepte für das erste Jahr

Kösel

Illustrationen Umschlag und Innenteil:

Monica May, München

Umschlaggestaltung: Elisabeth Petersen, München
Druck und Bindung: Kösel, Krugzell
Printed in Germany.
ISBN-10: 3-466-34492-1
ISBN-13: 978-3-466-34492-5

Gedruckt auf umweltfreundlich hergestelltem Bilderdruckpapier (säurefrei und chlorfrei gebleicht)

www.koesel.de

Inhalt

Ein guter Start für die Beikost

Bisher haben Sie Ihr Kind wahrscheinlich gestillt oder mit der Flasche gefüttert und waren vollkommen sicher, dass es gut ernährt wird. Nun ist das Baby etwa 6 Monate alt und interessiert sich lebhaft für die Kost der Erwachsenen. Jeder Bissen wird mit den Augen verfolgt, wenn sich die Eltern etwas in den Mund stecken. Vielleicht hat Ihr Kind schon die ersten Zähne und signalisiert auch damit, dass die Zeit für die ersten Versuche mit dem Löffel gekommen ist. Die faszinierenden Entwicklungsschritte, die Ihr Kind im ersten Lebensjahr macht, werden Sie nun auch beim Essen beobachten. Doch das wirft neue Fragen auf: Wie geht es weiter? Wann ist der richtige Zeitpunkt für den ersten Brei? Womit sollte das Baby beginnen? Obst oder Gemüse? Wie viel sollte es essen? Welche Lebensmittel könnten eine Allergie auslösen? usw.
Mit diesem Buch finden Sie den richtigen Weg zur gesunden Ernährung Ihres Kindes.
Ihr Baby hat jetzt einen größeren Bedarf an Energie und Nährstoffen. Vor allem die Reserven an dem Spurenelement Eisen, das unter anderem für die Entwicklung des Gehirns wichtig ist, gehen langsam zur Neige.

Das Forschungsinstitut für Kinderernährung Dortmund empfiehlt:
- Ausschließliche Milchernährung in den ersten 4 bis 6 Lebensmonaten
- Einführung von Beikost ab dem 5. bis spätestens 7. Lebensmonat
- Einführung von Familienkost ab dem 10. Lebensmonat

Beikost

Auch Ihr Kinderarzt wird jetzt zur »Beikost« raten. Mit Beikost wird die langsame Umstellung auf die feste Kost bezeichnet. Zunächst bekommt das Baby neben der Muttermilch oder Flaschennahrung nur geringe Mengen an anderen Nahrungsmitteln zugefüttert.
Sein Verdauungs- und Immunsystem ist nun ausreichend entwickelt und der Beikost gewachsen. Der Saugreiz lässt langsam nach und Sie

können Ihr Kind jetzt mit dem Löffel füttern. Doch an die übliche Erwachsenenkost sollte es sehr langsam herangeführt werden.

Weiterhin Muttermilch?

Wenn Sie Ihr Baby noch stillen und Sie selbst und Ihr Kind sind dabei zufrieden, dann bleiben Sie dabei. Muttermilch ist die beste Nahrung für die ersten Lebensmonate, die Ihr Kind bekommen kann. Sie können noch weit über den 6. Lebensmonat hinaus stillen und auch die Muttermilch zur Breiherstellung verwenden.

Allergien

Dieses Rezeptbuch ist nicht speziell für Allergiker gedacht, berücksichtigt jedoch die Gefahren, die durch bestimmte Lebensmittel ausgelöst werden können.

Hat Ihr Baby ein Allergierisiko und wurde es deshalb bisher ausschließlich mit Muttermilch oder hypoallergener Säuglingsnahrung ernährt, ist bei der Einführung der Beikost größte Vorsicht geboten. Ersetzen Sie *monatlich* eine der täglichen Milchmahlzeiten (Muttermilch oder HA-Nahrung) durch einen Brei. Beginnen Sie mit dem ersten Brei im 7. Monat. Führen Sie neue Lebensmittel auf dem Speiseplan Ihres Kindes immer nur einzeln und im wöchentlichen Abstand ein. So können Sie feststellen, ob das neue Lebensmittel vertragen wird.

Hilfreich ist ein »Allergietagebuch«, in dem neu eingeführte Lebensmittel und eventuell auftretende Reaktionen notiert werden. Wenn Sie Unverträglichkeiten beobachten, sollten Sie dieses Lebensmittel zunächst weglassen und vor einem erneuten Versuch mit Ihrem Kinderarzt sprechen. Bedenken Sie, auch winzige Mengen können eine Allergie oder Unverträglichkeitsreaktion auslösen. Manchmal tritt diese erst beim zweiten Kontakt mit der auslösenden Substanz auf.

Meiden Sie bis zum Ende des ersten Lebensjahres Lebensmittel, die erfahrungsgemäß häufig Allergien auslösen:
Eier, Fisch, Kuhmilch, Nüsse, Sellerie, Schokolade, Zitrusfrüchte und Sojaprodukte sowie Weizen und eventuell andere einheimische Getreidearten. Bei Allergieverdacht können Sie ausweichen auf Mais-, Hirse-, Reis- oder Buchweizenprodukte.

Der Löffel

Seien Sie geduldig. Manche Kinder sind nicht sofort von Löffel und Brei begeistert. Wählen Sie einen kleinen Plastiklöffel ohne scharfe Kanten. Es gibt im Fachhandel auch spezielle Silikonlöffel für die ersten Fütterungsversuche. Sie sind weich und biegsam und ähneln in der Form einem Sauger. Geben Sie Ihrem Kind den Löffel vorab schon mal zum Spielen und füttern Sie damit ein wenig Muttermilch oder Säuglingsnahrung. Später ist dann ein mit Brei gefüllter Löffel nicht mehr so ungewohnt.

Bisher kannte Ihr Kind ausschließlich flüssige Nahrung und hatte nur die Brustwarze oder einen Sauger im Mund. Es muss sich erst an das neue Gefühl gewöhnen. Auch der neue Geschmack ist ihm fremd. Es wird den Brei zunächst eher vom Löffel saugen, wenn er sanft auf die Unterlippe gedrückt wird. Erst allmählich kann es von der Saugbewegung zum aktiven Kauen und Schlucken übergehen.
Wenn die ersten Versuche schwierig sind und Ihnen der Brei entgegengeprustet wird, nehmen Sie es mit Humor und geben Sie nicht auf. Denn es liegt nicht daran, dass Ihrem Kleinen Ihr liebevoll gekochtes Essen nicht schmeckt – es ist nur alles noch so neu. Vielen Babys fällt es zunächst schwer, den Löffel im Mund überhaupt zu akzeptieren. Zunge und Lippen richtig einzusetzen und den Brei hinunterzuschlucken will eben auch gelernt sein. Am besten lernen Kinder das Essen vom Löffel am Familientisch, wenn Eltern und Geschwister auch essen. Denn auch Babys essen gerne in Gesellschaft.

Was soll mein Kind im zweiten Lebens*halb*jahr essen ?

Womit fange ich an? Ist Fertigbrei aus dem Glas oder Selbstgekochtes besser? Vermutlich haben Sie sich diese Fragen schon gestellt. *Alles hat seine Vor- und Nachteile.* Auch den meisten Erwachsenen wird auf die Dauer eine frisch gekochte Mahlzeit besser schmecken, als wenn sie täglich konservierte Fertiggerichte essen sollten. Doch wägen Sie in Ruhe ab.

Mittags ist der beste Zeitpunkt für die erste Löffelmahlzeit

Starten Sie mit Gemüse, dann gewöhnt sich Ihr Kind an den herzhaften Geschmack und bevorzugt nicht einseitig süße Lebensmittel. Erst später bereichert auch Obst den Speiseplan. Am besten geben Sie bei der Mittagsmahlzeit die ersten Löffel Gemüsebrei. Dann sind eventuelle Unpässlichkeiten wie Bauchschmerzen und Blähungen bis zum Abend wieder abgeklungen und die Nachtruhe wird nicht gestört. Alle anderen Mahlzeiten werden zunächst wie gewohnt beibehalten – Muttermilch oder Babynahrung.

Selbst gekochter Brei

- Macht Arbeit.
- Macht Spaß.
- Wenn Sie sichergehen wollen, kaufen Sie Obst und Gemüse am besten im Bioladen.
- Sie können die Auswahl der Zutaten individuell gestalten.
- Sie können auf Vorrat kochen.
- Ist preiswerter als gekaufter Brei.
- Sie wissen, was drin ist.
- Reagiert Ihr Kind mit der Haut oder der Verdauung, wissen Sie, welches Lebensmittel der Auslöser ist.
- Das Kind lernt den ursprünglichen Geschmack der verschiedenen Gemüse- und Obstsorten kennen und unterscheiden.
- Es wird nicht einseitig auf eine süße Geschmacksrichtung geprägt.
- Bei selbst gekochter Babykost sind Sie weitgehend sicher vor Industrieunfällen. (Verunreinigung der Konserven, Hormonskandal etc.)
- Je älter das Kind wird, desto weniger sollten Kartoffeln und Gemüse zerkleinert werden. So lernt das Kind das Kauen, was für die Ausbildung der Kiefer und damit für die Sprachentwicklung wichtig ist.

Babys brauchen keine Abwechslung

Wenn Sie sich für eine Gemüsesorte entschieden haben und beispielsweise mit Fenchelbrei beginnen, bleiben Sie mindestens eine Woche dabei. Erst dann führen Sie die nächste Gemüsesorte ein. Babys brauchen nicht die gleiche Abwechslung, wie Erwachsene sie gerne haben. Im Gegenteil – wenn Ihr Kind den Fenchelgeschmack akzeptiert hat, wird es diesen Brei immer wieder gerne essen. Am Anfang ist ein häufiger Wechsel eher irritierend und überfordert eher Babys Verdauungssystem und die Geschmacksentwicklung. Muttermilch oder Flaschennahrung schmecken auch immer ungefähr gleich.

Fertigkost

- Macht wenig Arbeit.
- Obst und Gemüse stammen aus Vertragsanbau, d.h., Düngemittel und Pestizide sind begrenzt.
- Es sind Bindemittel, Molkeeiweiß, Salz, Aromastoffe, Zucker und andere Süßungsmittel enthalten. Diese gehören nicht in die Babykost.
- Zu viele verschiedene Zutaten machen die Wirkung auf das Kind unübersichtlich.
- Der Geschmack einer Frischzubereitung kann nie erreicht werden.
- So genannte Babymenüs aus dem Glas sind immer gleichbleibend weich. Das Kind kann damit das kräftige Kauen nicht lernen.
- Häufig enthält Gläschenkost sehr viel Vitamin C. Empfindliche Kinder reagieren darauf mit Hautausschlägen.
- Fertigkost schmeckt immer etwas süßlich.
- Fertigkost enthält selten Kartoffeln, die jedoch für die Kinderkost sehr gut geeignet sind.

Nehmen Sie sich Zeit

Beim Essen sollte das Baby nicht abgelenkt sein, zum Beispiel vom laufenden Fernseher oder von spielenden Geschwistern. Betten Sie das Essen in ein kleines Ritual ein, das Sie zu jeder Mahlzeit wiederholen. Binden Sie dem Kind ein Lätzchen um, und sagen Sie Ihrem Kleinen, dass es nun Essen gibt und dass es ihm sicher schmecken wird. Auch wenn es Ihre Worte nicht versteht, wird ihm doch der Sinn deutlich und es wird auf die Mahlzeit eingestimmt. Füttern Sie Ihr Kind dann, wenn seine Essenszeit gekommen ist und es Appetit hat. Es sollte nicht müde oder gar übermüdet sein.

Nehmen Sie Ihr Kind auf den Schoß

Bei den ersten Fütterungsversuchen nehmen Sie Ihr Kind am besten auf den Schoß. Sorgen Sie dafür, dass es mit seinen Händchen nicht auf den Löffel patschen kann. Nehmen Sie nur wenig Brei auf den Löffel. Wie erwähnt, machen die meisten Babys zunächst Saugbewegungen mit den Lippen und der Zunge und ziehen sich so kleine Mengen in den Mund, schieben dabei aber einen Teil des Breis wieder heraus.

Der Brei sollte handwarm sein

Der Brei sollte lauwarm gefüttert werden und auf 37° C abgekühlt sein. Auf keinen Fall sollte er zu heiß sein. Wenn Sie Brei im Mikrowellengerät erwärmen, muss er gut durchgerührt werden, damit sich Ihr Kind nicht an »Hitzenestern« verbrüht. Testen Sie die Temperatur, bevor Sie mit dem Füttern beginnen.

Nichts erzwingen

Wenn Ihr Kind nicht vom Löffel essen mag, ist es vielleicht noch nicht so weit. Oder es braucht erst einige Versuche, um sich auf die neue Situation einzustellen. Erzwingen Sie nichts. Geben Sie ihm die gewohnte Nahrung, Brust oder Flasche, und versuchen Sie es einfach am nächsten Tag noch einmal.

Gesunde Ernährung für unsere Kinder

In Deutschland und in vielen anderen Industrieländern ist in den letzten Jahren die Zahl der übergewichtigen Kinder, Jugendlichen und Erwachsenen stark angestiegen. Derzeit sollen zirka zwanzig Prozent unserer Kinder übergewichtig sein. Viele leiden an Adipositas, umgangssprachlich Fettleibigkeit. Zwar sind die Gene, die den Fettansatz begünstigen, nicht beeinflussbar, doch krank machendes Übergewicht lässt sich durch gesundheitsbewusstes Verhalten durchaus verhindern.
Jugendliche leiden an Magersucht und anderen ernährungsbedingten Störungen. Von der Zuckerkrankheit, Diabetes mellitus Typ 2, Bluthochdruck, erhöhte Harnsäurewerte – um nur einige Krankheitsbilder zu nennen – waren noch vor Jahren nur ältere Menschen betroffen. Heute leiden schon Kinder unter diesen gefährlichen Störungen. Bis auf Ausnahmen sind diese Krankheiten das Resultat von Fehlernährung und Bewegungsmangel.
Bei der Erziehung zur gesundheitsbewussten Ernährung ist vor allem das Beispiel der Eltern entscheidend. Wenn Sie Ihr Baby füttern und beim Anblick des Spinats angeekelt das Gesicht verziehen, wird Ihr Kind auch nicht gerne Spinat essen. Wenn Möhrengemüse auf dem Familientisch steht und der Vater sagt: »Möhren esse ich nicht, ich bin doch kein Hase«, dann wird sich auch Ihr(e) Dreijährige(r) diese Meinung zu Eigen machen.
Eine ausgewogene Ernährung gehört zu den wichtigsten Maßnahmen der Gesundheitsförderung. Je früher sie einsetzt, umso wirkungsvoller

ist sie. Nach Meinung der Ernährungswissenschaftler kann durch eine bedarfsgerechte Ernährung den meisten Zivilisationskrankheiten vorgebeugt werden. Dazu benötigen wir keine besondere Diät und keine Medikamente. Vielmehr kann sich jeder Mensch auf einfache Weise richtig ernähren und so seine Gesundheit fördern und erhalten.

Jedes Elternpaar wünscht sich: Mein Kind soll gesund heranwachsen

Doch gesunde Ernährung muss, wie so vieles andere, erlernt werden. Auch hier sind Sie der wichtigste Partner für Ihr Kind. Sie allein beeinflussen, was es isst – zumindest in den ersten Jahren. Wenn Ihr Kind in den Kindergarten kommt, nehmen die Einflüsse von außen zu, leider auch die negativen. Doch wenn bis dahin eine kindgerechte, gesunde Ernährung zu Hause eingeübt wurde, sind die Anfechtungen nicht so mächtig. Wenn Kinder herummäkeln und so genannte schlechte Esser werden, ist die Fantasie der Eltern gefragt. Gesundes Essen kann auch interessant gemacht werden. Mit dem Argument: »Auch Fisch musst du mal essen, weil er gesund ist«, sind Kinder nur schwerlich zu beeindrucken. Ein Piratenteller hingegen, ein Schneewittchenapfel oder ein Rennfahrergemüse könnte da schon interessanter sein.

Essen dient nicht der Erziehung

Kinder lernen unbewusst und unmittelbar durch Erfahrung und Erlebnisse. Durch den Erziehungsstil und das Beispiel der Eltern wird ihr Ernährungsverhalten nachhaltig geprägt. Belohnung und Bestrafung sollte nicht mit Essen in Verbindung gebracht werden. Zum Beispiel: »Weil du heute ungezogen warst, bekommst du keinen Nachtisch«. Denn so lernt das Kind, dass nur der Nachtisch erstrebenswert ist, Kartoffeln und Gemüse eher verzichtbar sind und nicht gut schmecken.
Zögern Sie den Kontakt mit Süßigkeiten bei Ihrem Kind so lange wie möglich hinaus. Es vermisst nichts, solange es Kekse, Kuchen oder Schokolade nicht kennt. Ermöglichen Sie ihm, den Geschmack der anderen Lebensmittel nach und nach kennen zu lernen, ohne es zu früh auf »Süß« zu programmieren.
Wenn sich Ihr Kind gestoßen hat oder bei seinen ersten Gehversuchen hingefallen ist, trösten Sie es liebevoll, nehmen Sie es in den Arm, aber geben Sie ihm nichts zu essen, um es abzulenken. Denn Kleinkinder, die immer wieder mit Lebensmitteln belohnt oder getröstet werden, neigen auch später dazu, emotionale Spannungen durch Essen zu kompensieren.

Die Auswahl der Zutaten

Gemüse und Obst

Verwenden Sie Gemüse und Obst stets frisch. Bevorzugen Sie einheimisches Gemüse und Früchte der Saison, möglichst aus kontrolliert biologischem Anbau. Achten Sie beim Einkauf auf Frische und Qualität. Verwenden Sie Obst und Gemüse nicht zur Kinderkost, wenn es Druckstellen hat oder angefault ist. Als Alternative zu frischem Obst eignet sich auch ungezuckertes, tiefgefrorenes Obst.

Fleisch

Es ist ein wesentlicher Lieferant von Eiweiß, Vitamin B und den Spurenelementen Eisen und Zink. Das Dortmunder Forschungsinstitut für Kinderernährung empfiehlt ab dem 7. Lebensmonat zweimal in der Woche 20 g Fleisch zu geben. Am besten eignet sich mageres, frisches Hackfleisch vom Rind. Es sollte noch am selben Tag zubereitet werden. Verwenden Sie möglichst mageres Fleisch aus artgerechter Tierhaltung von einer Fleischerei Ihres Vertrauens. Auch Geflügel und Fisch sind geeignet. Auf Innereien wie Leber und Nieren sollten Sie wegen des hohen Schadstoffgehalts verzichten.

Getreide

Getreideprodukte sind ein wichtiger Bestandteil der Säuglings- und Kleinkinderernährung. Sie liefern Kohlehydrate, Eiweiß und Mineralstoffe. Leider enthalten alle einheimischen Getreidesorten – also Dinkel, Gerste, Hafer, Roggen und Weizen – *Gluten*. Dabei handelt es sich um ein Klebereiweiß, das schwere Allergien und die Darmerkrankung Zöliakie auslösen kann. Insbesondere Kinder unter 6 Monaten sind gefährdet. Aus Sicherheitsgründen sollten Sie diese Getreidearten deshalb nicht vor dem 7. Lebensmonat füttern.

Weichen Sie auf Mais, Reis, Hirse oder Buchweizen aus. Diese Produkte enthalten keinerlei Gluten. Als Getreide für den Brei sollten Sie reine Flocken oder Grieß, möglichst aus Vollkorn und ohne Zuckerzusatz, verwenden. Auch Instant-Flocken, die sich in Wasser oder Milch ohne Kochen auflösen, können aus Vollkorngetreide hergestellt sein. In Naturkostabteilungen und Reformhäusern finden Sie eine große Auswahl dieser Produkte.

Fette

Aus pflanzlichen oder tierischen Quellen sind Fette als Energieträger ein wichtiger Bestandteil unserer Nahrung. Zur Aufrechterhaltung verschiedener Körperfunktionen benötigen wir auch ungesättigte Fettsäuren. Sie sind in fast allen Pflanzenkeimen enthalten und finden sich insbesondere in Sonnenblumen- und Maiskeimöl. Diese Öle sind weitgehend geschmacksneutral und daher für die Babykost gut geeignet. Viele Vitamine sind fettlöslich. Um sie dem Körper zugänglich zu machen, sollte einer Breimahlzeit von 150 bis 200 g ein Esslöffel Fett zugesetzt werden; ca. 10 g Öl oder Butter.

Kinder brauchen Wasser!

Sobald Ihr Kind regelmäßig Beikost bekommt, sollten Sie ihm auch Wasser anbieten – stilles Mineralwasser oder abgekochtes Leitungswasser. In den meisten Gegenden hierzulande ist die Wasserqualität unbedenklich und kann zur Babykost verwendet werden. Es gibt allerdings Gemeinden, in denen der Nitratgehalt des Wassers über den zulässigen Grenzwerten liegt. Fragen Sie bei den offiziellen Stellen nach und weichen Sie ggf. auf geeignetes Mineralwasser aus.
Zwar ist es anfangs noch nicht nötig, dass Ihr Kind zu den Breimahlzeiten Wasser trinkt, denn der Flüssigkeitsbedarf ist ja bei allen anderen Mahlzeiten durch Muttermilch oder flüssige Babynahrung gedeckt. Doch wenn Sie die Gewohnheit, Wasser zu trinken, früh einüben, wird Ihr Kind es später ganz selbstverständlich akzeptieren, seinen Durst mit Wasser zu löschen. Viele Kleinkinder trinken zu wenig. *Am Tag sollte Ihr Kind mindestens 200 ml Wasser oder ungezuckerten Tee trinken.* Keinesfalls sollten Sie Ihrem Kind die Flasche oder den Trinklernbecher zum Dauernuckeln überlassen.

Tee

Wenn Sie Ihrem Kind Kräuter- oder Früchtetee geben wollen, sollte er nicht gesüßt und frei von künstlichen Aromastoffen sein. Geeignet sind Anis-, Kümmel-, Fenchel-, Hagebutten- oder Früchtetee-Mischungen. Sie können losen Trockentee oder Teebeutel verwenden. Mit Letzteren geht die Zubereitung sehr schnell.

So genannte Instant-Kindertees aus Granulat sind nicht geeignet. Der Trägerstoff von Instanttee ist häufig Maltodextrin oder eine andere Zuckerart, die zahnschädigend wirkt. Manchmal haften die künstlichen Aromen auch an Rinder- oder Schweinekollagen, Gelatine. Diese kann Eiweißrückstände enthalten, die bei gefährdeten Kindern eine Allergie auslösen können.

Saft

Saft ist im Idealfall verflüssigtes Obst. Nur wenn Ihr Kind gar kein Obst essen würde, wären frisch gepresste oder naturbelassene Säfte eine Alternative. Aber auch Saft enthält Zucker und schädigt die Zähne (selbst dann, wenn sie noch nicht sichtbar sind). Verdünnen Sie ihn mindestens 1:1 mit Wasser und überlassen Sie Ihrem Kind nicht die Flasche zum Dauernuckeln.

Meist enthalten Säfte und Fruchtsaftgetränke Zuckerzusätze, Säuerungsmittel und Konservierungsstoffe. Zucker versteckt sich oft hinter Bezeichnungen wie Saccharose (= Haushaltszucker), Maltodextrin, Glukosesirup, Traubenzucker, Fructose, Fruchtzucker, Honig, Apfel- oder Birnendicksaft. »Kristallzuckerfrei« heißt also nicht, dass tatsächlich kein zusätzlicher Zucker enthalten ist.

Wenn Sie Saft als Fertigprodukt kaufen möchten, schauen Sie auf das Etikett. Auf der Zutatenliste sind die Zutaten des Produktes in der Reihenfolge ihres Mengenanteils angegeben. Das heißt, je weiter vorne eine Zutat steht, umso größer ist ihr Anteil am Gesamtprodukt.

Keine Softdrinks!

Limonade und Colagetränke sollten Kleinkinder nicht bekommen. Sie enthalten Zucker und Kohlensäure. Beides schadet dem Zahnschmelz. Und die anregende Wirkung von Koffein schadet dem zentralen Nervensystem eines Kleinkindes. Das meist auch enthaltene Phosphat entkalkt die Knochen und allergisiert.
Auch hier gilt: Ihr Baby vermisst nichts, wenn es diese Getränke nicht bekommt. Im Gegenteil – so wird nachhaltig seine Gesundheit geschützt und gestärkt.

Verzichten Sie auf Honig!

Honig gilt seit alters her als Inbegriff von Natur und Gesundheit. Säuglingen kann er jedoch gefährlich werden und sollte daher im 1. Lebensjahr nicht verwendet werden. Es sind Fälle bekannt, in denen Kinder nach Genuss von Honig an einer besonderen Form der bakteriellen Lebensmittelvergiftung – dem Botulismus – erkrankten und starben. Honig kann Sporen dieses Erregers enthalten. Erst bei älteren Kindern und Erwachsenen ist der Verdauungstrakt so ausgereift, dass die Sporen keine Erkrankung auslösen.

Eier

Auch bei Hühnereiern ist Vorsicht geboten. Die Gefahr einer Salmonelleninfektion ist nicht zu unterschätzen. Salmonellen können auch älteren Kindern und Erwachsenen gefährlich werden. Eier sollten stets frisch verwendet und nur vollständig gegart gegessen werden. Auf keinen Fall sollten sie roh verzehrt werden, auch nicht in Cremespeisen oder Soßen. Wenn ein Eigelb in den Brei gerührt wird, muss dieser nochmals kräftig durchgekocht werden.

Für Kinder ab dem 6. Monat eignen sich folgende Lebensmittel:

Gemüse

Blumenkohl
Brokkoli
Fenchel
Kohlrabi
Kartoffeln
Kürbis
Möhren
Pastinaken (gelbe Möhren)
Spinat
Steckrüben
Zucchini

Obst

Äpfel
Aprikosen
Bananen
Birnen
Himbeeren
Melonen

Am Ende des ersten Lebensjahres Erdbeeren und Pfirsiche (Vorsicht: Allergiegefahr!).

Allergiegefährdete Babys sollten kein Eigelb in den Brei bekommen. Laut Forschungsinstitut für Kinderernährung entstehen dadurch keine Probleme für die Nährstoffversorgung.

Fleisch und Fisch

mageres Rindfleisch
Putenfleisch und Hähnchenfleisch aus ökologischer Aufzucht

Am Ende des ersten Lebensjahres auch mageres Schweinefleisch und Fisch.

Getreideprodukte

Hirseflocken
Reisflocken
Maisgrieß
Buchweizen

Ab dem 7. Lebensmonat auch Weizenmehlprodukte wie Grieß, Zwieback und Knäckebrot.
Haferflocken
Dinkel

Meiden Sie Gewürze!

Babybrei sollte nicht gewürzt werden. Der natürliche Geschmack von Gemüse, Kartoffeln und Obst ist für Ihr Kind intensiv genug. Jedes neu eingeführte Lebensmittel stellt für Ihr Kind ein besonderes Geschmackserlebnis dar. Seine Geschmacksnerven sind noch unverbraucht und sehr sensibel.

- *Salz* schadet den Nieren.
- *Zucker* verursacht Karies und prägt einseitig auf süße Geschmacksrichtungen.
- *Honig* birgt das Risiko einer Botulismusinfektion.

Scharfe Gewürze wie Pfeffer, Paprika, Curry etc. eignen sich ebenfalls nicht für die Kinderkost. Auch in geringsten Mengen können sie Allergien auslösen. Das gilt auch für Würzmischungen in flüssiger oder körniger Form. Sie enthalten meist Geschmacksverstärker, die sehr allergisierend sind.

Eisen, ein wichtiges Spurenelement

Es sichert den Sauerstofftransport im Blut und ist wichtig für das Wachstum von Gehirn und Muskeln. Mit zirka 6 Monaten sind die Eisenreserven beim Säugling aufgebraucht. Da die Muttermilch kaum Eisen enthält, muss dieses wichtige Spurenelement jetzt aus anderen Quellen zugeführt werden.

Viele der oben genannten Gemüse-, Obst- und Getreidesorten enthalten Eisen. Der Körper kann Eisen aus tierischen Lebensmitteln allerdings am besten verwerten. Schon eine kleine Menge rotes Fleisch sichert die tägliche Versorgung mit Eisen.

Die Eisenaufnahme wird verbessert, wenn zusätzlich Vitamin C in Form von frischem Obst, Obstmus oder Obstsaft gegeben wird.

Küchengeräte

Um Babybrei herzustellen, benötigen Sie folgende Küchengeräte:

- einen kleinen Kochtopf mit Deckel (für Einzelportionen)
- eine Waage
- einen großen Kochtopf oder Schnellkochtopf (wenn Sie auf Vorrat kochen wollen)
- einen Gemüseschäler
- einen elektrischen Pürierstab (um Gemüse und Obst zu zerkleinern)
- einen Schneebesen (um Getreideflocken klümpchenfrei in Flüssigkeit einzurühren)

- Frischhaltedosen zum Einfrieren einzelner Breiportionen
- Kinderteller
- einen Warmhalteteller (für Kinder, die sich beim Essen etwas Zeit lassen)
- Plastiklöffel zum Füttern

Schonend garen

Gemüse und Obst sollte schonend gegart werden. Verwenden Sie einen kleinen Topf mit Deckel und dünsten Sie alles in wenig Wasser. Verwenden Sie nur so viel Wasser, wie der Brei aufnimmt. Dann müssen Sie von dem Kochwasser, in dem Vitamine und Mineralstoffe gelöst sind, nichts wegschütten.
Bringen Sie alles zum Kochen und schalten Sie dann die Temperatur so weit herunter, dass alles bei geringer Hitze gar wird. Öffnen Sie den Deckel möglichst erst am Ende der Garzeit und nicht zwischendurch. Sonst gehen mit dem entweichenden Dampf viele Vitamine verloren.
Wählen Sie die Kochzeit so kurz wie möglich. Das Gemüse oder Obst sollte gar werden, jedoch nicht zerfallen.

Ernährungsplan für das erste Lebensjahr

Bis zum 6. Monat

Muttermilch, Hypoallergene Nahrung oder Säuglingsnahrung

7. Monat

4 – 5 Mahlzeiten Muttermilch oder Säuglingsnahrung
mittags Gemüsebrei

8. Monat

3 – 4 Mahlzeiten Muttermilch oder Säuglingsnahrung
mittags Gemüsebrei mit Kartoffeln, 2 x pro Woche mit Fleisch
abends Getreide-Obst-Brei

9. Monat

2 – 3 Mahlzeiten Muttermilch oder Säuglingsnahrung
mittags Gemüse-Kartoffel-Brei , 2 x pro Woche Fleischbrei
nachmittags Getreide-Obst-Brei
abends Milch-Getreide-Brei mit Obst, Wasser oder ungesüßter Tee

10. Monat

morgens Muttermilch oder Säuglingsnahrung
vormittags als Zwischenmahlzeit püriertes Obst
mittags Gemüse-Kartoffel-Brei, 2 x pro Woche Fleischbrei, dazu Wasser oder ungesüßter Tee
nachmittags Getreide-Obst-Brei
abends Milch-Getreide-Brei mit Obst, dazu Muttermilch, Wasser oder ungesüßter Tee

11. Monat

morgens Muttermilch oder Säuglingsnahrung
vormittags als Zwischenmahlzeit püriertes Obst
mittags Gemüse-Kartoffel-Brei, 2 x pro Woche Fleischbrei, Wasser oder ungesüßter Tee
nachmittags Getreide-Obst-Brei
abends Milch-Getreide-Brei mit Obst, dazu Muttermilch, Wasser oder ungesüßter Tee

12. Monat

Übergang zur Familienkost:
morgens Muttermilch oder Säuglingsnahrung
vormittags als Zwischenmahlzeit Obst und Brot
mittags Gemüse-Kartoffel-Brei, 2 x pro Woche Fleischbrei, Wasser oder ungesüßter Tee
nachmittags Brot, Milch und Obst
abends Milch-Getreide-Brei mit Obst oder eine Brot- und Milchmahlzeit, dazu Wasser oder ungesüßter Tee

Herbei, herbei,
gekocht ist der Brei!
Der Tisch ist gedeckt,
nun seht,
wie es uns schmeckt.

(Tischspruch nach dem Märchen
»Der kleine Muck« von Wilhelm Hauff)

Die Rezepte

Gemüsebrei

Der erste Gemüsebrei: Da manche Kinder auf Möhren allergisch reagieren, empfiehlt sich der Start mit Fenchelbrei. Fenchel enthält viel Eisen, ist gut verträglich und der milde Geschmack kommt Babys sehr entgegen.

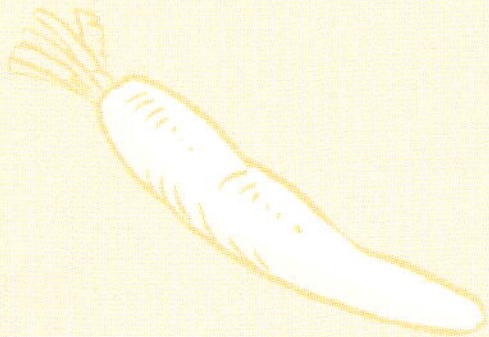

vegetarisch

Fenchelbrei

Fenchelknolle putzen, waschen, Stängel und grüne Blättchen abschneiden. • Fenchelknolle in Scheiben schneiden. • Mit ca. ¼ l Wasser in einen Topf geben, zum Kochen bringen, dann die Temperatur herunterschalten und ca. 20 Minuten köcheln lassen. • Mit dem Pürierstab zu einem lockeren Brei pürieren, das Kochwasser mit verwenden. • Brei in drei gleich große Portionen aufteilen und in Gefrierdosen füllen. • Zwei Portionen im Wasserbad schnell abkühlen lassen und dann einfrieren. (Das Öl wird dem wieder aufgetauten Brei unmittelbar vor dem Verzehr zugefügt.) • Eine Portion können Sie gleich verwenden. • Lassen Sie den Brei abkühlen, fügen Sie 1 EL Maiskeimöl hinzu und verrühren Sie es mit dem Brei. • Füttern Sie Ihr Kind nun mit seinem ersten Gemüsebrei.

Zutaten für 3 Portionen:

1 Fenchelknolle (ca. 300 g)

3 EL Maiskeimöl

ab dem 6. Monat

Möhrenbrei

Möhren mit einem Gemüseschäler dünn schälen, waschen und in Scheiben schneiden. • Mit 100 ml Wasser in einen Topf geben, zum Kochen bringen, die Temperatur herunterschalten und ca. 20 Minuten bei geschlossenem Deckel köcheln lassen. • Mit dem Pürierstab zu einem lockeren Brei pürieren, das Kochwasser mit verwenden. • Das Öl unterrühren. • Möhrenbrei abkühlen lassen und lauwarm füttern.

Zutaten für 1 Portion:

150 g Möhren

1 EL Maiskeimöl

ab dem 6. Monat

Kohlrabi-Kartoffel-Brei

Kohlrabi schälen, evtl. holzige Stellen abschneiden, waschen und in dünne Scheiben schneiden. • Kartoffel schälen, waschen und in Scheiben schneiden. • Beides mit ca. 150 ml Wasser in einen Topf geben, zum Kochen bringen, dann die Temperatur herunterschalten und ca. 20 Minuten bei geschlossenem Deckel köcheln lassen. • Mit dem Pürierstab zu einem lockeren Brei verarbeiten, das Kochwasser mit verwenden. • Das Öl unterrühren. • Den Brei abkühlen lassen.

Zutaten für 1 Portion:

100 g Kohlrabi

50 g Kartoffeln

1 EL Maiskeimöl

ab dem 6. Monat

Brokkoli-Kartoffel-Brei

Zutaten für 1 Portion:

100 g Brokkoli

50 g Kartoffeln

1 EL Maiskeimöl

ab dem 6. Monat

Brokkoli waschen und in kleine Röschen teilen. Eventuell dicke Stängel schälen und in Scheiben schneiden. • Die Kartoffel schälen, waschen und in dünne Scheiben schneiden. • Kartoffeln mit ca. 150 ml Wasser in einen Topf geben, zum Kochen bringen, die Temperatur herunterschalten und ca. 10 Minuten bei geschlossenem Deckel köcheln lassen. • Brokkoli zufügen und weitere 10 Minuten köcheln lassen. • Mit dem Pürierstab zu einem lockeren Brei verarbeiten, das Kochwasser mit verwenden. • Das Öl unterrühren. • Den Brei abkühlen lassen.

Pastinaken-Kartoffel-Brei

Pastinaken mit einem Gemüseschäler dünn schälen, waschen und in Scheiben schneiden. • Die Kartoffel schälen, waschen und in dünne Scheiben schneiden. • Beides mit ca. 150 ml Wasser in einen Topf geben, zum Kochen bringen, dann die Temperatur herunterschalten und ca. 20 Minuten bei geschlossenem Deckel köcheln lassen. • Mit dem Pürierstab zu einem lockeren Brei verarbeiten, das Kochwasser mit verwenden. • Das Öl unterrühren. • Den Brei abkühlen lassen.

Zutaten für 1 Portion:

100 g Pastinaken
50 g Kartoffeln
1 EL Maiskeimöl

ab dem 6. Monat

Blumenkohl-Kartoffel-Brei

Blumenkohl in Röschen teilen, Strunk abschneiden, waschen und klein schneiden. • Kartoffel schälen, waschen und in dünne Scheiben schneiden. • Beides mit ca. 150 ml Wasser in einen Topf geben, zum Kochen bringen, die Temperatur herunterschalten und ca. 20 Minuten bei geschlossenem Deckel köcheln lassen. • Mit dem Pürierstab zu einem lockeren Brei verarbeiten, das Kochwasser mit verwenden. • Das Öl unterrühren. • Den Brei abkühlen lassen.

Zutaten für 1 Portion:

100 g Blumenkohl

50 g Kartoffeln

1 EL Maiskeimöl

ab dem 6. Monat

Spinat-Kartoffel-Brei

Spinat verlesen, Stiele entfernen, gründlich waschen und in einem Sieb abtropfen lassen. • Die Butter in einem Topf schmelzen, den Spinat zufügen und unter Rühren bei milder Hitze zusammenfallen lassen. • 2 Minuten bei geschlossenem Deckel köcheln lassen, dann ausschalten. • Die Kartoffel schälen, waschen, in dünne Scheiben schneiden und separat in 100 ml Wasser ca. 20 Minuten garen. • Wenn die Kartoffel gar ist, aus dem Kochwasser nehmen, zu dem Spinat geben und beides mit dem Pürierstab zu Brei verarbeiten. • Der Spinat zieht viel Wasser, daher das Kartoffelwasser *nicht* mit verwenden, sonst wird der Brei zu flüssig. • Den Brei auf ca. 37° C abkühlen lassen. • Spinat darf nicht wieder aufgewärmt werden! Er enthält Nitrat, das beim Aufwärmen durch Bakterien in gesundheitsschädliches Nitrit umgewandelt wird. Werfen Sie Reste am besten gleich weg.

Zutaten für 1 Portion:

100 g Spinat
50 g Kartoffeln
2 TL Butter

ab dem 6. Monat

Kartoffelbrei mit Tomate

Kartoffeln mit dem Gemüseschäler schälen, waschen und in Scheiben schneiden. • Kartoffeln mit 100 ml Wasser zum Kochen bringen, die Temperatur herunterschalten und ca. 15 Minuten garen. • In der Zwischenzeit die Tomaten waschen, den Stielansatz herausschneiden. • Tomaten kreuzweise einschneiden, mit kochendem Wasser begießen und die Haut abziehen. • Tomaten zu den Kartoffeln geben und 5 Minuten mitkochen. • Das Ei trennen, Eigelb zum Gemüse geben, unter Rühren nochmals gut durchkochen, damit das Eigelb gar wird. • Alles zusammen pürieren. • Die Butter unterrühren. • Den Brei abkühlen lassen.

Zutaten für 1 Portion:

100 g Kartoffeln
100 g Tomaten
1 Eigelb
1 TL Butter

ab dem 6. Monat

Steckrüben-Kartoffel-Brei

Von einer Steckrübe ein Stück abschneiden, Schale entfernen und 100 g abwiegen, in ca. 2 cm große Würfel schneiden. • Kartoffel schälen, waschen und in dünne Scheiben schneiden. • Beides mit ca. 150 ml Wasser in einen Topf geben, zum Kochen bringen, die Temperatur herunterschalten und ca. 20 Minuten bei geschlossenem Deckel köcheln lassen. • Mit dem Pürierstab zu einem lockeren Brei verarbeiten, das Kochwasser mit verwenden. • Das Öl unterrühren. • Den Brei abkühlen lassen.

Zutaten für 1 Portion:

100 g Steckrübe
50 g Kartoffeln
1 EL Maiskeimöl

ab dem 7. Monat

Zutaten für 1 Portion:

100 g Zucchini
50 g Kartoffeln
1 EL Maiskeimöl

ab dem 7. Monat

Zucchini-Kartoffel-Brei

Zucchini mit dem Gemüseschäler schälen, längs halbieren und evtl. Kerne entfernen. Zucchini in Scheiben schneiden. • Kartoffel schälen, waschen und in dünne Scheiben schneiden. • Beides mit ca. ¼ l Wasser in einen Topf geben, zum Kochen bringen, die Temperatur herunterschalten und ca. 20 Minuten bei geschlossenem Deckel köcheln lassen. • Mit dem Pürierstab zu einem lockeren Brei verarbeiten, das Kochwasser mit verwenden. • Das Öl unterrühren. • Den Brei abkühlen lassen.

Kürbis-Kartoffel-Brei

Zutaten für 1 Portion:

100 g Kürbis

50 g Kartoffeln

1 EL Maiskeimöl

ab dem 7. Monat

Vom Kürbis ein Stück abschneiden, das weiche innere Fruchtfleisch und die Kerne entfernen. • Die Schale abschneiden, 100 g abwiegen und in kleine Stücke schneiden. • Die Kartoffel schälen, waschen und in dünne Scheiben schneiden. • Beides mit ca. 100 ml Wasser in einen Topf geben, zum Kochen bringen, die Temperatur herunterschalten und ca. 15 Minuten bei geschlossenem Deckel garen. • Mit dem Pürierstab zu einem lockeren Brei verarbeiten, das Kochwasser mit verwenden. • Das Öl unterrühren. • Den Brei abkühlen lassen.

Möhren-Kartoffel-Hirse-Brei

Zutaten für 1 Portion:

100 g Möhren
50 g Kartoffeln
2 EL Hirseflocken
1 EL Maiskeimöl

ab dem 7. Monat

Möhren mit einem Gemüseschäler dünn schälen, waschen und in Scheiben schneiden. • Kartoffeln schälen, waschen und in Scheiben schneiden. • Beides mit ca. 150 ml Wasser in einen Topf geben, zum Kochen bringen, die Temperatur herunterschalten und ca. 20 Minuten bei geschlossenem Deckel kochen lassen. • Etwas abkühlen lassen und die Hirseflocken einrühren. • Mit dem Pürierstab alles zu einem lockeren Brei verarbeiten. • Falls das Kochwasser nicht ausreicht, noch etwas abgekochtes Wasser hinzufügen. • Das Öl unterrühren. • Den Brei abkühlen lassen.

Gemüsebrei mit Fleisch

Möhren-Kartoffel-Brei mit Fleisch

Möhren und Kartoffeln schälen, waschen und in Scheiben schneiden. • Mit 125 ml Wasser in einen Topf geben, das Fleisch zufügen und alles zum Kochen bringen, die Temperatur herunterschalten und bei geschlossenem Deckel ca. 20 Minuten köcheln lassen. • Alles mit dem Pürierstab zu Brei verarbeiten. Das Kochwasser mit verwenden. • Die Butter unterrühren. • Den Brei abkühlen lassen.

Zutaten für 1 Portion:

100 g Möhren

50 g Kartoffeln

20 g mageres Hackfleisch vom Rind (Tartar)

1 TL Butter

ab dem 7. Monat

Kohlrabi-Kartoffel-Brei mit Hähnchen

Kohlrabi waschen, schälen, holzige Stellen entfernen und klein schneiden. • Kartoffel schälen, waschen und klein schneiden. • Hähnchenfleisch klein schneiden. • Alles in einen Topf geben und mit ca. 150 ml Wasser zum Kochen bringen, dann die Temperatur herunterschalten und bei geschlossenem Deckel in ca. 20 Minuten garen. • Alles mit dem Pürierstab zu Brei verarbeiten, das Kochwasser mit verwenden. • Die Butter unterrühren. • Den Brei abkühlen lassen.

Zutaten für 1 Portion:

100 g Kohlrabi

50 g Kartoffeln

20 g Hähnchenbrustfleisch

1 TL Butter

ab dem 7. Monat

Brokkoli-Kartoffel-Brei mit Putenfleisch

Zutaten für 1 Portion:

100 g Brokkoli
50 g Kartoffeln
20 g Putenfleisch
1 TL Butter

ab dem 7. Monat

Brokkoli in Röschen teilen, dicke Strünke schälen und klein schneiden. • Kartoffel schälen, waschen und in Scheiben schneiden. • Putenfleisch klein schneiden. • Alles in einen Topf geben und mit ca. 150 ml Wasser zum Kochen bringen, dann die Temperatur herunterschalten und bei geschlossenem Deckel in ca. 20 Minuten garen. • Alles mit dem Pürierstab zu Brei verarbeiten, das Kochwasser mit verwenden. • Die Butter unterrühren. • Den Brei abkühlen lassen.

Blumenkohl-Kartoffel-Brei mit Rindfleisch

Zutaten für 1 Portion:

100 g Blumenkohl

50 g Kartoffeln

20 g mageres Hackfleisch vom Rind (Tartar)

1 TL Butter

ab dem 7. Monat

Blumenkohl in kleine Röschen teilen, waschen und klein schneiden. • Die Kartoffel schälen, waschen und klein schneiden • Mit 150 ml Wasser in einen Topf geben, das Fleisch zufügen, alles zum Kochen bringen, die Temperatur herunterschalten und bei geschlossenem Deckel ca. 20 Minuten köcheln lassen. • Alles mit dem Pürierstab zu Brei verarbeiten. Das Kochwasser mit verwenden. • Die Butter unterrühren. • Den Brei abkühlen lassen.

Zucchini-Kartoffel-Brei mit Putenfleisch

Zutaten für 2 Portionen:

200 g Zucchini
100 g Kartoffeln
40 g Putenfleisch
2 EL Maiskeimöl

ab dem 7. Monat

Zucchini waschen, schälen, längs halbieren, evtl. Kerne entfernen und klein schneiden. • Kartoffeln schälen, waschen und klein schneiden. • Putenfleisch klein schneiden. • Alles mit ca. 200 ml Wasser in einen Topf geben und zum Kochen bringen, die Temperatur herunterschalten und bei geschlossenem Deckel 15 Minuten gar dünsten. • Mit dem Pürierstab alles zu einem Brei verarbeiten, das Kochwasser mit verwenden. • Das Öl unterrühren. • Den Brei in zwei gleich große Portionen teilen. • Eine davon im Wasserbad abkühlen lassen und einfrieren. • Die andere Portion abkühlen lassen und gleich verwenden.

Rezepte zum Vorkochen

Wenn Sie sicher sind, dass Ihr Kind einen bestimmten Brei gerne isst, lohnt es sich auch, auf Vorrat zu kochen. So können Sie sich die tägliche Herstellung kleiner Portionen sparen und müssen nur noch den Mittagsbrei auftauen und erwärmen. Das Fett (Öl oder Butter) sollten Sie den Einzelportionen erst unmittelbar vor dem Füttern zusetzen, denn durch das Einfrieren und Erwärmen gehen sonst wertvolle Vitamine verloren.

Möhren-Kartoffel-Brei mit Rindfleisch

Zutaten für 20 Portionen:

600 g mageres Rindfleisch
1 kg Kartoffeln
2 kg Möhren

ab dem 7. Monat

Fleisch unter fließend kaltem Wasser waschen und mit ½ l kaltem Wasser in den Schnellkochtopf legen. Topf schließen und ankochen. • Ca. 45 Minuten bei Normalstufe garen. Topf vom Herd nehmen und warten, bis der Druck sinkt. (In einem normalen Topf braucht das Fleisch ca. 90 Minuten, bis es gar ist.) • In der Zwischenzeit die Kartoffeln und die Möhren schälen, waschen und in grobe Stücke schneiden. • Gemüse und Kartoffeln knapp mit Wasser bedecken, Wasser zum Kochen bringen, die Hitze herunterschalten und in ca. 20 Minuten bei geringer Hitze garen. • Das Fleisch aus der Brühe nehmen, in kleine Würfel schneiden und in einer großen Schüssel mit dem Pürierstab zerkleinern. • Kartoffeln und Möhren mit einer Schaumkelle aus der Flüssigkeit heben und zum Fleisch geben. • Alles pürieren. Nach Bedarf etwas Kochflüssigkeit von Fleisch und Gemüse zufügen, damit der Brei nicht zu trocken wird.
Den Brei erkalten lassen, Einzelportionen abwiegen, in gut schließende Gefrierdosen füllen und einfrieren. • Der tiefgefrorene Brei ist mindestens zwei Monate haltbar. • Die Einzelportionen auftauen, im Wasserbad oder in der Mikrowelle erwärmen. • Das Fett, das den Mittagsbrei komplett macht (pro Portion 1 TL Butter oder 1 EL Maiskeimöl), wird vor dem Füttern zugegeben.

Fenchel-Kartoffel-Brei mit Putenfleisch

Putenfleisch unter fließend kaltem Wasser waschen und mit Küchenpapier trockentupfen. • ½ l Wasser zum Kochen bringen, das Fleisch hineinlegen und bei schwacher Hitze 45 Minuten garen. • In der Zwischenzeit die Kartoffeln schälen, waschen und in grobe Stücke schneiden. • Die Fenchelknollen putzen, die Stielansätze abschneiden, waschen und in grobe Stücke schneiden. • Fenchel und Kartoffeln zusammen in einen Topf geben, knapp mit Wasser bedeckt zum Kochen bringen und bei schwacher Hitze ca. 25 Minuten garen. • Das Fleisch aus der Brühe nehmen, in kleine Würfel schneiden und in einer großen Schüssel mit dem Pürierstab zerkleinern. • Nun Kartoffeln und Fenchel mit einer Schaumkelle aus der Flüssigkeit heben und zu dem Fleisch geben. • Alles pürieren. Nach Bedarf etwas Kochflüssigkeit von Fleisch und Gemüse zufügen, damit der Brei nicht zu trocken wird.

Den Brei erkalten lassen, Einzelportionen abwiegen, in gut schließende Gefrierdosen füllen und einfrieren. • Der tiefgefrorene Brei ist mindestens zwei Monate haltbar. • Die Einzelportionen auftauen, im Wasserbad oder in der Mikrowelle erwärmen. • Das Fett, das den Mittagsbrei komplett macht (pro Portion 1 TL Butter oder 1 EL Maiskeimöl), wird vor dem Füttern zugegeben.

Zutaten für 20 Portionen:

600 g Putenfleisch aus der Keule ohne Haut und Knochen

1 kg Kartoffeln

2 kg Fenchelknollen

ab dem 7. Monat

Kürbis-Kartoffel-Brei mit Hähnchenbrust

Zutaten für 20 Portionen:

600 g Hähnchenbrustfleisch ohne Haut und Knochen

1 kg Kartoffeln

2 kg Kürbis, z.B. Hokaidokürbis

ab dem 7. Monat

Die Hähnchenbrust unter fließend kaltem Wasser waschen und mit Küchenpapier trockentupfen. • ½ l Wasser zum Kochen bringen, das Fleisch hineinlegen und bei schwacher Hitze 40 Minuten garen. • In der Zwischenzeit die Kartoffeln schälen, waschen und in grobe Stücke schneiden. • Den Kürbis waschen, vierteln, die Schale abschneiden, das weiche Innere und die Kerne entfernen und in grobe Stücke schneiden. 2 kg Kürbis abwiegen und in Stücke schneiden. • Kürbisstücke und Kartoffeln zusammen in einen Topf geben, mit wenig Wasser zum Kochen bringen und bei schwacher Hitze ca. 20 Minuten garen. • Das Fleisch aus der Brühe nehmen, in kleine Würfel schneiden und in einer großen Schüssel mit dem Pürierstab zerkleinern. • Nun Kartoffeln und Kürbis mit einer Schaumkelle aus der Flüssigkeit heben und zum Fleisch geben. • Alles pürieren. Nach Bedarf etwas Kochflüssigkeit von Fleisch und Gemüse zufügen, damit der Brei nicht zu trocken wird.

Den Brei erkalten lassen, Einzelportionen abwiegen, in gut schließende Gefrierdosen füllen und einfrieren. • Der tiefgefrorene Brei ist mindestens zwei Monate haltbar. • Die Einzelportionen auftauen, im Wasserbad oder in der Mikrowelle erwärmen. • Das Fett, das den Mittagsbrei komplett macht (pro Portion 1 TL Butter oder 1 EL Maiskeimöl), wird vor dem Füttern zugegeben.

Steckrüben-Kartoffel-Brei mit Tartar

Zutaten für 20 Portionen:

600 g mageres Hackfleisch vom Rind

1 kg Kartoffeln

2 kg Steckrüben (Kohlrüben)

ab dem 8. Monat

Die Steckrübe in Viertel schneiden, die Schale und holzige Stellen entfernen. Die Viertel in grobe Stücke schneiden und mit wenig Wasser zum Kochen bringen. • Kartoffeln schälen, waschen und in Stücke schneiden und mit zu der Steckrübe geben. • Das Hackfleisch grob zerkleinern und zum Gemüse geben, bei schwacher Hitze weitere 25 Minuten garen. • Fleisch und Gemüse mit einer Schaumkelle aus der Brühe nehmen und alles in einer großen Schüssel mit dem Kartoffelstampfer grob zerkleinern. • Nach Bedarf etwas Kochflüssigkeit zufügen, damit der Brei nicht zu trocken wird.

Den Brei erkalten lassen, Einzelportionen abwiegen, in gut schließende Gefrierdosen füllen und einfrieren. • Der tiefgefrorene Brei ist mindestens zwei Monate haltbar. • Die Einzelportionen auftauen, im Wasserbad oder in der Mikrowelle erwärmen. • Das Fett, das den Mittagsbrei komplett macht (pro Portion 1 TL Butter oder 1 EL Maiskeimöl), wird vor dem Füttern zugegeben.

Zucchini-Kartoffel-Brei mit Schweinefleisch

Zutaten für 20 Portionen:

600 g mageres Hackfleisch vom Schwein

1 kg Kartoffeln

2 kg Zucchini

ab dem 8. Monat

Kartoffeln und Zucchini schälen, waschen und in Stücke schneiden. • Alles knapp mit Wasser bedeckt in einem Topf zum Kochen bringen. • Das Hackfleisch grob zerkleinern und zum Gemüse geben, bei schwacher Hitze weitere 20 Minuten garen. • Fleisch und Gemüse mit einer Schaumkelle aus der Brühe nehmen und alles in einer großen Schüssel mit einem Kartoffelstampfer grob zerkleinern, denn Ihr Kind lernt jetzt das Kauen. • Nach Bedarf etwas von der Kochflüssigkeit zufügen, damit der Brei nicht zu trocken wird.

Den Brei erkalten lassen, Einzelportionen abwiegen, in gut schließende Gefrierdosen füllen und einfrieren. • Der tiefgefrorene Brei ist mindestens zwei Monate haltbar. • Die Einzelportionen auftauen, im Wasserbad oder in der Mikrowelle erwärmen. • Das Fett, das den Mittagsbrei komplett macht (pro Portion 1 TL Butter oder 1 EL Maiskeimöl), wird vor dem Füttern zugegeben.

Blumenkohl-Möhren-Kartoffel-Brei mit Tartar

Kartoffeln schälen, waschen und in Stücke schneiden. • Blumenkohl in Röschen teilen und den Strunk klein schneiden. Alles gründlich waschen. • Möhren mit einem Gemüseschäler dünn schälen, waschen und in Scheiben schneiden. • Kartoffeln, Möhren und Blumenkohl in einen Topf geben und das grob zerkleinerte Hackfleisch zufügen. Alles mit wenig Wasser zum Kochen bringen, die Temperatur herunterschalten und bei schwacher Hitze ca. 25 Minuten garen. • Fleisch und Gemüse mit einer Schaumkelle aus der Brühe nehmen und in einer großen Schüssel mit einem Kartoffelstampfer grob zerkleinern. • Nach Bedarf etwas Kochflüssigkeit zufügen, damit der Brei nicht zu trocken wird.

Den Brei erkalten lassen, Einzelportionen abwiegen, in gut schließende Gefrierdosen füllen und einfrieren. • Der tief gefrorene Brei ist mindestens zwei Monate haltbar. • Die Einzelportionen auftauen, im Wasserbad oder in der Mikrowelle erwärmen. • Das Fett, pro Portion 1 EL Maiskeimöl, wird vor dem Füttern zugefügt.

Zutaten für 20 Portionen:

600 g mageres Hackfleisch vom Rind

1 kg Kartoffeln

1 Blumenkohl (geputzt ca. 1 kg)

1 kg Möhren

ab dem 8. Monat

Sie können Gemüse und Fleisch auch separat einfrieren und dadurch noch besser variieren.

Putenfleisch für den Mittagsbrei

Zutaten für 20 Portionen:

600 g Putenfleisch aus der Keule ohne Haut und Knochen

½ l Wasser

ab dem 8. Monat

Das Fleisch unter fließend kaltem Wasser waschen. • Wasser zum Kochen bringen. • Fleisch hineinlegen und bei schwacher Hitze ca. 45 Minuten garen. • Fleisch aus der Brühe nehmen, abkühlen lassen und in Würfel schneiden. • Fleisch und Brühe mit dem Pürierstab zu feinem Brei verarbeiten. • Einzelportionen von ca. 25 – 30 g abwiegen und einfrieren. • Oder das pürierte Fleisch in einen Eiswürfelbereiter geben. So können Sie dem Gemüsebrei einzelne Würfel zusetzen. • Wenn das Fleisch gefroren ist, die Würfel in eine gut schließende Gefrierdose umfüllen, so ist es bis zu zwei Monaten haltbar.

Hühnerfleisch für den Mittagsbrei

Die Poularde unter fließend kaltem Wasser waschen und mit dem Wasser zum Kochen bringen. Die Temperatur herunterschalten und bei schwacher Hitze ca. 50 – 60 Minuten garen. • Poularde aus der Brühe heben, die Haut entfernen und das Fleisch von den Knochen lösen. • Fleisch klein schneiden und mit so viel Brühe pürieren, dass ein nicht zu fester Brei entsteht. • Einzelportionen von ca. 25 – 30 g abwiegen und einfrieren. • Oder das pürierte Fleisch in einen Eiswürfelbereiter geben. So können Sie dem Gemüsebrei einzelne Würfel zufügen. • Wenn das Fleisch gefroren ist, die Würfel in eine gut schließende Gefrierdose umfüllen, so ist es bis zu zwei Monaten haltbar.

Zutaten für 20 – 30 Portionen (je nach Größe):

1 Poularde

¾ l Wasser

ab dem 8. Monat

Rindfleisch für den Mittagsbrei

Das Fleisch unter fließend kaltem Wasser waschen und mit ½ l Wasser in den Schnellkochtopf legen. • Topf schließen und ankochen, ca. 45 Minuten bei Normalstufe garen. • Topf vom Herd nehmen und warten, bis der Druck sinkt. • Fleisch aus der Brühe nehmen, abkühlen lassen und in Würfel schneiden. • Fleisch und Brühe mit dem Pürierstab zu feinem Brei verarbeiten. • Einzelportionen von ca. 25 – 30 g abwiegen und einfrieren. • Oder das pürierte Fleisch in einen Eiswürfelbereiter geben. So können Sie dem Gemüsebrei einzelne Würfel zufügen. • Wenn das Fleisch gefroren ist, die Würfel in eine gut schließende Gefrierdose umfüllen, so ist es bis zu zwei Monaten haltbar.

Zutaten für 20 Portionen:

600 g mageres Rindfleisch

½ l Wasser

ab dem 8. Monat

Leckeres Obstmus

Obstmus eignet sich als Nachtisch nach der Mittagsmahlzeit, als kleine Zwischenmahlzeit oder als Zusatz zum Getreidebrei. Auch hier ist die Vorratshaltung praktisch – insbesondere bei Obst, das nicht immer Saison hat. Kochen Sie eine größere Menge Obst und frieren Sie kleine Portionen im Eiswürfelbereiter ein. So können Sie nach Bedarf ein bis zwei Würfel entnehmen. Geeignet sind auch Gefrierbeutel oder kleine Gefrierdosen.

Apfelmus mit Rosinen

Zutaten für 20 Portionen:

1 kg milde Äpfel, z.B. Golden Delicious oder Cox Orange

100 ml Wasser

50 g ungeschwefelte Rosinen

ab dem 6. Monat

Die Äpfel waschen, schälen, in Viertel schneiden und das Kerngehäuse herausschneiden. • Apfelstücke mit dem Wasser in einen Topf geben und zum Kochen bringen. • Die Rosinen in heißem Wasser waschen und zu den Äpfeln geben. • Temperatur herunterschalten und bei milder Hitze ca. 10 Minuten kochen. • Mit dem Pürierstab zu einem feinen Brei verarbeiten, abkühlen lassen und portionsweise einfrieren. • Für die größeren Kinder die Äpfel mit einem Kartoffelstampfer zerdrücken.

Zutaten für 20 Portionen:

500 g Äpfel
500 g Birnen
100 ml Wasser
1 Banane (ca. 120 g)

ab dem 6. Monat

Dreimus

Die Äpfel waschen und schälen, in Viertel schneiden und das Kerngehäuse herausschneiden. • Die Birnen waschen und schälen, in Viertel schneiden und das Kerngehäuse herausschneiden. • Äpfel und Birnen in einem Topf mit 100 ml Wasser zum Kochen bringen, die Temperatur herunterschalten und bei milder Hitze ca. 10 Minuten köcheln. • Die Banane schälen, in Stücke schneiden und zu den Äpfeln und Birnen geben. • Alles mit dem Pürierstab zu einem lockeren Brei verarbeiten. Falls er zu fest wird, evtl. noch ein wenig Wasser zufügen. • Portionieren und einfrieren.

Bananen-Himbeer-Püree

Die Himbeeren verlesen, kurz waschen und durch ein feines Sieb rühren, damit keine Kernchen im Brei sind. • Die Bananen schälen, in Stücke schneiden und, zusammen mit dem Himbeerpüree, mit dem Pürierstab zu Brei verarbeiten. • Portionieren und einfrieren.

Zutaten für 20 Portionen:

250 g Himbeeren

2 Bananen (ca. 250 g)

ab dem 7. Monat

Aprikosen mit Banane

Zutaten für 20 Portionen:

500 g reife Aprikosen

1 Banane (ca. 120 g)

ab dem 7. Monat

Die Aprikosen mit einem scharfen Messer kreuzweise einschneiden, mit kochendem Wasser übergießen, ca. 2 Minuten darin liegen lassen und dann die Haut abziehen. Die Früchte halbieren, den Kern entfernen und klein schneiden. • Die Banane schälen und in Stücke schneiden. Zusammen mit den Aprikosen mit dem Pürierstab zu Brei verarbeiten. • Portionieren und einfrieren.

Erdbeer-Bananen-Mark

Die Bananen schälen, in Stücke schneiden und in eine Rührschüssel geben. • Die Erdbeeren waschen, Stiele und Blätter entfernen und zu den Bananen geben. • Orangensaft hinzufügen und alles mit dem Pürierstab zu Brei verarbeiten. • Portionieren und einfrieren.

Zutaten für 20 Portionen:

2 Bananen (ca. 250 g)

200 g Erdbeeren

Saft einer halben Orange

ab dem 8. Monat

Pfirsichpüree mit Rosinen

Zutaten für 20 Portionen:

600 g Pfirsiche

50 g ungeschwefelte Rosinen

ab dem 8. Monat

Die Pfirsiche waschen und mit einem scharfen Messer kreuzweise einschneiden. Die Früchte mit kochendem Wasser übergießen und ca. 2 Minuten darin liegen lassen. Nun lässt sich die Haut leicht abziehen. Pfirsiche halbieren, den Kern entfernen und klein schneiden. • Die Rosinen in heißem Wasser waschen und in einem Sieb abtropfen lassen. • Rosinen zu den Pfirsichen geben und alles mit dem Pürierstab zu Brei verarbeiten. • Portionieren und einfrieren.

Der Getreide-Obst-Brei

Der Getreide-Obst-Brei eignet sich gut für den Nachmittag und zum Mitnehmen für unterwegs, weil er keine leicht verderbliche Milch enthält. Er kann warm oder kalt (Zimmertemperatur) gefüttert werden.

Die folgenden Rezepte eignen sich ab dem 6. bzw. 7. Lebensmonat.

Instantflocken sind vorbehandelte Getreideflocken, die nur quellen müssen. Kaufen Sie sie immer ohne Zusätze. Häufig sind solche Produkte mit Obstflocken, Zucker, Honig, Fructose oder ähnlich süßen Zusätzen angereichert. Verzichten Sie auf solche Fertigbreie. Ihrem Kind schmeckt die natürliche Fruchtsüße ebenso gut und es gewöhnt sich nicht an einen zuckersüßen Brei. Auf Zucker können Sie verzichten, denn das Obst ist süß, macht den Brei schmackhaft und enthält viel mehr wertvolle Vitamine und Nährstoffe, als jedes Fertigprodukt bieten kann. Wichtig ist die Zugabe von Fett (Butter oder Keimöl), damit Ihr Kind nicht lange vor der nächsten Mahlzeit wieder Hunger hat. Außerdem sind viele Vitamine fettlöslich und werden durch die Fettzugabe besser aufgenommen.

Zutaten für 1 Portion:

90 ml Wasser
20 g Hirseflocken
1 milder Apfel
1 TL Butter

ab dem 6. Monat

Hirse-Apfel-Brei

Wasser in einen kleinen Topf geben, Hirseflocken mit dem Schneebesen einrühren. Aufkochen und bei niedriger Hitze ca. 5 Minuten quellen lassen. Ab und zu umrühren. • Den Apfel schälen und auf einer Glasreibe fein reiben. Oder den Apfel in Stücke schneiden, das Kerngehäuse entfernen und mit dem Pürierstab zu Brei verarbeiten. • Die Butter unter den Hirsebrei rühren und den Apfelbrei untermischen.

Buchweizen-Rotkäppchen

Zutaten für 1 Portion:

150 ml Wasser

20 g Buchweizenmehl (1 gehäufter EL)

1 TL Butter

150 g Himbeeren (evtl. tiefgefroren)

ab dem 6. Monat

Wasser in einem kleinen Topf erhitzen, Buchweizenmehl mit dem Schneebesen einrühren. • Kurz aufkochen, nochmals umrühren, vom Herd nehmen und einige Minuten ausquellen lassen. • In der Zwischenzeit die Himbeeren verlesen, waschen, in einem Sieb abtropfen lassen und mit der Gabel zerdrücken. Oder auftauen, falls Sie eingefrorene Beeren verwenden. • Wenn der Brei ohne Kernchen sein soll, die Himbeeren durch ein Sieb streichen. • Butter und Himbeermus unter den Brei rühren.

Buchweizenschmaus

Wasser in einem kleinen Topf erwärmen, Buchweizenschrot dazugeben, aufkochen und bei geringer Hitze 10 Minuten ausquellen lassen, dabei öfter umrühren. • Banane mit der Gabel zerdrücken. • Butter und Bananenmus unter den Brei rühren.

Zutaten für 1 Portion:

150 ml Wasser
20 g Buchweizenschrot
1 TL Butter
1 Banane

ab dem 6. Monat

Zutaten für 1 Portion:

100 ml Wasser

20 g Instant-Hirseflocken

1 TL Butter

2 Aprikosen

1 kleines Stück Banane (ca. 5 cm)

ab dem 6. Monat

Schneller Aprikosenbrei

Wasser zum Kochen bringen und in einen tiefen Teller gießen. Instant-Hirseflocken einrühren und quellen lassen. • Aprikosen mit einem scharfen Messer kreuzweise einschneiden und mit kochendem Wasser übergießen. So lässt sich die Haut gut abziehen. • Aprikosen entsteinen und klein schneiden und mit der Banane zusammen pürieren. • Butter und Obstmus unter den Brei rühren.

Zutaten für
1 Portion:

200 ml Wasser
20 g Rundkornreis
1 TL Butter
1 Apfel

ab dem 6. Monat

Apfelreis

Reis in einem Sieb waschen, abtropfen lassen und mit 200 ml Wasser aufkochen, Temperatur herunterschalten und bei milder Hitze (auf der ausgeschalteten Herdplatte) ca. 25 Minuten ausquellen lassen. Dabei gelegentlich umrühren. • Den Apfel waschen, schälen und reiben. • Butter und Apfelmus unter den Brei rühren.

Zutaten für 1 Portion:

100 ml Wasser

20 g Instant-Hirseflocken

1 TL Butter

1 Birne

ab dem 6. Monat

Schneller Birnenbrei

Wasser zum Kochen bringen und in einen tiefen Teller gießen. Instant-Hirseflocken einrühren und quellen lassen. • Birne waschen, schälen und das Kerngehäuse herausschneiden. • Birne klein schneiden und mit dem Pürierstab pürieren. • Butter und Birnenmus unter den Brei rühren.

Haferflocken mit Obst

Wasser erhitzen, Haferflocken mit dem Schneebesen einrühren, kurz aufkochen, Herd ausschalten und die Haferflocken 5 Minuten quellen lassen. • In der Zwischenzeit den Apfel waschen, schälen, das Kerngehäuse herausschneiden. • Himbeeren waschen, abtropfen lassen oder – falls Sie tiefgekühlte Beeren verwenden – auftauen. • Wenn der Brei ohne Kernchen sein soll, die Himbeeren durch ein Sieb streichen. • Apfel mit den Beeren zusammen pürieren. • Die Butter und das Obstmus unter den abgekühlten Brei rühren.

Zutaten für 1 Portion:

100 ml Wasser

2 EL blütenzarte Haferflocken ohne Zusätze

1 TL Butter

1 Apfel

2 EL Himbeeren

ab dem 7. Monat

Zutaten für 1 Portion:

2 Dinkelzwiebäcke

75 ml Wasser

1 Banane

1 TL Butter

ab dem 7. Monat

Schneller Zwieback-Bananen-Brei

Zwiebäcke in einen Kinderteller legen. Mit dem abgekochten Wasser übergießen und mit einer Gabel zu Brei verarbeiten. • Die Banane schälen, mit der Gabel zerdrücken, zu Brei schlagen und mit dem Zwiebackbrei mischen. • Die Butter unter den abgekühlten Brei rühren.

Schwedenbrei

Zutaten für 1 Portion:

2 Scheiben einfaches Knäckebrot
75 ml Wasser
1 kleiner Apfel
50 g Banane
1 TL Butter

ab dem 7. Monat

Das Knäckebrot in einen Kinderteller legen, mit dem abgekochten Wasser übergießen und mit einer Gabel zu Brei verarbeiten. • Den Apfel waschen, mit einem Gemüseschäler schälen und auf einer Reibe rundherum fein reiben, sodass das Kerngehäuse übrig bleibt. • Das Stück Banane mit der Gabel zerdrücken. • Apfel und Banane unter den Knäckebrotbrei mischen. • Die Butter unterrühren.

Zwieback-Birnen-Schmaus

Dinkelzwiebäcke in einen Kinderteller legen, mit dem abgekochten Wasser übergießen und mit einer Gabel zu Brei verarbeiten. • Die Birne waschen, mit einem Sparschäler schälen und auf einer Reibe rundherum fein abreiben, sodass das Kerngehäuse übrig bleibt. • Birnenmus mit dem Zwiebackbrei mischen. • Die Butter unter den Brei mischen.

Zutaten für 1 Portion:

2 Dinkelzwiebäcke

75 ml Wasser

1 Birne

1 TL Butter

ab dem 7. Monat

Der Milchbrei

Zum Kochen von Milchbrei ist die pasteurisierte Vollmilch mit 3,5 % Fettgehalt am besten geeignet. Sie können ihn auch mit Folgemilch zubereiten. *Für allergiegefährdete Kinder sollten Sie den Milchbrei mit der gewohnten HA-Nahrung (hypoallergene Milch) oder Muttermilch zubereiten.*

H-Milch oder Kondensmilch sollten Sie nicht verwenden, weil durch das Erhitzen viele Vitamine verloren gegangen sind. Kondensmilch ist außerdem gezuckert.

Sauermilchprodukte wie Joghurt, Kefir oder Quarkzubereitungen sind für Kinder unter einem Jahr nicht geeignet. Sie können zu einer Übersäuerung führen. Quark enthält zu viel Eiweiß. Mit nur 100 g Quark ist schon der Tagesbedarf an Eiweiß gedeckt und die Nieren des Babys könnten überlastet werden.

Der Milchbrei eignet sich besonders gut für die Abendmahlzeit. Er ist kalorienreich und sättigend. Babys schlafen danach gut.

Zum Milchbrei am Abend sollte Ihr Kind entweder Wasser oder ungesüßten Tee (z.B. Fencheltee oder Früchtetee) trinken.

Zutaten für 1 Portion:

200 ml Milch

20 g Grieß

4 EL Traubensaft

ab dem 6. Monat

Gute-Nacht-Brei

Milch erwärmen, Grieß mit dem Schneebesen einrühren, unter Rühren zum Kochen bringen und bei milder Hitze ca. 5 Minuten quellen lassen. • Den Brei abkühlen lassen und den Traubensaft unterrühren.

Milchbrei mit Himbeeren

Die Hälfte der Milch mit dem Reisschleim anrühren, kurz aufkochen und ca. 3 Minuten quellen lassen. Die restliche Milch einrühren. • Die Himbeeren verlesen und waschen oder – falls Sie Tiefkühlobst verwenden – auftauen. • Himbeeren mit der Gabel zerdrücken oder – falls der Brei ohne Kernchen sein soll – durch ein Sieb streichen und unter den abgekühlten Grießbrei mischen.

Zutaten für 1 Portion:

200 ml Milch
2 EL Reisschleim
3 EL Himbeeren

ab dem 6. Monat

Buchweizenbrei mit Apfelmus

Zutaten für 1 Portion:

150 ml Milch
20 g Buchweizenschrot
2 kleine Äpfel

ab dem 6. Monat

Die Milch erwärmen, Buchweizenschrot einrühren und kurz aufkochen, bei milder Hitze 10 Minuten ausquellen lassen, dabei gelegentlich umrühren. • Die Äpfel waschen, mit dem Sparschäler schälen, vierteln und das Kerngehäuse herausschneiden. • Die Apfelstücke in 50 ml Wasser bei milder Hitze 5 Minuten kochen. • Dann mit dem Pürierstab zerkleinern. • Das Apfelmus unter den abgekühlten Buchweizenbrei mischen.

Haferhansel

Die Milch erwärmen, Haferflocken mit dem Schneebesen einrühren, kurz aufkochen und bei geringer Hitze ca. 3 Minuten ausquellen lassen. • Apfel waschen, mit dem Sparschäler schälen und auf einer Reibe rundherum fein abreiben, sodass das Kerngehäuse übrig bleibt. • Den geriebenen Apfel unter den Haferbrei rühren.

Zutaten für 1 Portion:

200 ml Milch

2 EL blütenzarte Haferflocken

1 kleiner Apfel

ab dem 7. Monat

Hafersusi

Zutaten für
1 Portion:

200 ml Milch

2 EL blütenzarte Haferflocken

1 reife Birne

ab dem 7. Monat

Die Milch erwärmen, Haferflocken mit dem Schneebesen einrühren, kurz aufkochen und bei geringer Hitze ca. 3 Minuten ausquellen lassen. • Birne waschen, mit dem Sparschäler schälen und auf einer Reibe rundherum fein abreiben. • Die geriebene Birne unter den Haferbrei rühren.

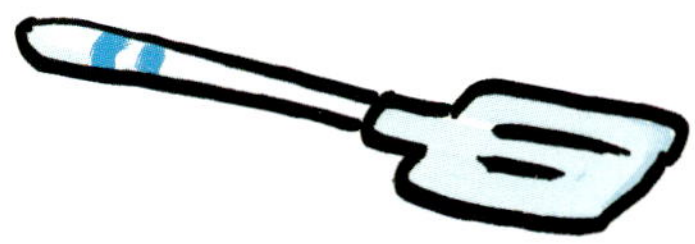

Zwiebackmilch mit Traubenmus

Die Milch kurz aufkochen. • Zwiebäcke in einen Kinderteller legen, mit der heißen Milch übergießen und mit einer Gabel zerdrücken. • Trauben waschen, von den Stielen zupfen, häuten, halbieren und die Kerne entfernen. • Die Trauben mit der Gabel zerdrücken und unter den abgekühlten Brei mischen.

Zutaten für 1 Portion:

200 ml Milch

3 – 4 Dinkelzwiebäcke

50 g Weintrauben

ab dem 7. Monat

Zimtbrei

Milch erwärmen, den Reis waschen und in die Milch einrühren, kurz aufkochen und bei geringer Hitze zugedeckt ca. 20 Minuten quellen lassen. • Den Reisbrei in einen Teller geben, die Butter darauf verteilen und mit Zimt und wenig Zucker bestreuen.

Zutaten für 1 Portion:

200 ml Milch
30 g Rundkornreis
1 TL Butter
1 Messerspitze Zimt
1 Messerspitze Zucker

ab dem 8. Monat

Zutaten für 1 Portion:

200 ml Milch

20 g Reisflocken ohne Zusätze

30 g Erdbeeren

30 g Heidelbeeren

ab dem 8. Monat

Beerenstark

Milch kurz aufkochen und abkühlen lassen. • Reisflocken mit einem Schneebesen in die Milch einrühren. • Beeren waschen, putzen und mit einer Gabel zerdrücken, unter den Brei mischen. • Zu diesem Brei können Sie auch Tiefkühlobst verwenden.

Orangen-Grießbrei

Milch erwärmen, Grieß mit dem Schneebesen einrühren, zum Kochen bringen und bei milder Hitze ca. 5 Minuten ausquellen lassen. • Die Orange auspressen und 5 EL Saft unter den abgekühlten Brei mischen.

Zutaten für 1 Portion:

200 ml Milch

20 g Grieß

½ Orange

ab dem 8. Monat

Zutaten für 1 Portion:

200 ml Milch

20 g Hirseflocken

1 reifer Pfirsich

ab dem 8. Monat

Pfirsichbrei

Die Milch kurz aufkochen und abkühlen lassen. • Hirseflocken mit dem Schneebesen einrühren. • Den Pfirsich waschen, mit einem scharfen Messer kreuzweise einschneiden, in eine kleine Schüssel legen und mit kochendem Wasser übergießen. • Ca. 2 Minuten darin ziehen lassen, dann die Haut abziehen, das Fruchtfleisch vom Kern lösen und mit dem Pürierstab zerkleinern. • Das Pfirsichmus unter den Brei rühren.

Apfel-Milchbrei

Milch in einem hohen Topf erwärmen, den Reis waschen und in die Milch einrühren, kurz aufkochen und bei geringer Hitze zugedeckt ca. 20 Minuten ausquellen lassen. • Den Apfel waschen, schälen, vierteln, das Kerngehäuse herausschneiden und die Viertel in dünne Scheiben schneiden. • Apfelstücke zum Reis geben und mitkochen lassen. • Den Reisbrei in einen Teller geben, mit einer Gabel die Apfelstücke etwas zerkleinern und untermischen. • Die Butter einrühren und den Brei abkühlen lassen.

Zutaten für 1 Portion:

200 ml Milch
30 g Rundkornreis
1 kleiner Apfel
1 TL Butter

ab dem 8. Monat

Rezepte für Klein und Groß

Gegen Ende des ersten Lebensjahres wird das Kochen der Kinderkost einfacher. Nun können Sie Gerichte für die ganze Familie zubereiten und so Ihr Kind behutsam an die Erwachsenenkost heranführen. Der Tageslauf Ihres Kindes ändert sich. Es schläft nicht mehr so viel, es bewegt sich mehr und sein Energiebedarf steigt.
Feste Ess- und Trinkmengen können für Kleinkinder nun nicht mehr empfohlen werden. Ihr Appetit ist abhängig von der Körpergröße, dem Temperament und den körperlichen Aktivitäten. Ruhige Kinder essen meist weniger als lebhafte. Ein täglich schwankender Appetit ist ganz normal, ebenso die vorübergehende Ablehnung bestimmter Speisen. Zwingen Sie Ihrem Kind nichts auf und verlangen Sie nicht, dass der Teller leer gegessen wird. Nur dann kann Ihr Kind lernen, möglichst frühzeitig auf die Gefühle »Hunger« und »Sättigung« zu reagieren.

Damit Ihr Kind Freude am Essen entwickelt und dabei auch gesund ernährt wird, sollten Sie folgende »goldene Regeln« beherzigen:
- Zu viel Zwang und Stress beim Essen kann dazu führen, das natürliche Maß für Essen und Trinken zu verlieren oder das Essen ganz zu verweigern. Trotzreaktionen, Übergewicht oder Essstörungen können die Folge sein.
- Kinder lieben Rituale. Überlegen Sie, ob Sie durch ein kleines Lied oder einen kleinen Vers Inseln im Alltag schaffen können.
- Essen Sie in Ruhe und versuchen Sie, Sorgen und Probleme für die Dauer der Mahlzeit zu vergessen. Nutzen Sie die gemeinsame Zeit am Familientisch zum entspannten Gespräch.
- Dehnen Sie die gemeinsame Mahlzeit mit Ihrem Kind aber nicht zu lange aus. 15 Minuten beispielsweise erscheinen Kleinkindern schon wie eine Ewigkeit.
- Geben Sie Ihrem Kind nur kleine Portionen und ermöglichen Sie ihm, sein natürliches Sättigungsgefühl zu erkennen.
- Eine warme Mahlzeit am Tag ist wichtig.
- Insgesamt ca. fünf Mahlzeiten über den Tag verteilen. Davon drei Hauptmahlzeiten (Frühstück, Mittag- und Abendessen) sowie zwei kleine Zwischenmahlzeiten, bestehend aus rohem Gemüse oder Obst.

Die folgenden Rezepte reichen für zwei Erwachsene und ein Kleinkind. In den nächsten Monaten sollten Sie noch einiges beachten, um die Bedürfnisse von Eltern und Kind in Einklang zu bringen:

- Erst salzen und kräftig würzen, wenn Sie die Babyportion abgenommen haben.
- Keinen Alkohol verwenden. Manche Rezepte enthalten Sherry, Rotwein etc. als Gewürz, solche Zutaten sind für die Kinderkost ungeeignet.
- Auch stark blähende Speisen wie Hülsenfrüchte, Rot-, Weiß- und Wirsingkohl, Zwiebeln in größeren Mengen oder Lauch eignen sich noch nicht für Ihr Kind.
- Ungeeignet für Babys sind auch stark gewürzte und fettreiche Lebensmittel, wie z.B. gepökeltes Fleisch, Kasseler und Salami, Frittiertes oder stark Gebratenes.
- Die Babyportion am Tisch, am besten vor den Augen des Kindes, zerkleinern. So merkt es, dass es tatsächlich das Gleiche bekommt wie die Großen.
- Gemüse und Kartoffeln mit der Gabel zerdrücken.
- Das Babyessen mit ein wenig Butter oder Keimöl anreichern.
- Lassen Sie Ihr Kind üben. Nudeln oder kleine Gemüse- und Kartoffelstückchen darf es am Anfang mit den Fingern essen. Gerne wird Ihr Kind jetzt selbst seine ersten Versuche mit dem Löffel machen. Schimpfen Sie nicht, wenn es dabei anfangs viel kleckert. Es lernt am besten durch das Beispiel der Eltern. Auch hier macht Übung den Meister.
- Das Babyessen enthält jetzt weniger Flüssigkeit, daher sollte Ihr Kind zu jeder Mahlzeit etwas trinken, am besten Wasser oder ungesüßten Kräutertee.

Nudeln in Zucchinisoße

Zutaten für ein Kind und 2 Erwachsene:

200 g Hörnchen- oder Schleifchennudeln
1 EL Sonnenblumenöl

für die Soße:

350 g Zucchini
1 kleine Zwiebel
1 EL Butter
350 ml Milch
100 g Kräuterfrischkäse
Jodsalz
Pfeffer

ab dem 10. Monat

Die Zucchini waschen, Stiel und Blütenansätze abschneiden und fein raspeln. • Die Zwiebel schälen und raspeln. • Die Butter in einem Topf erhitzen, Zwiebelraspel dazugeben und bei mittlerer Hitze kurz anbraten, die Zucchiniraspel zufügen und ebenfalls kurz anbraten. • Die Milch unter Rühren zu dem Gemüse gießen. Den Deckel auflegen und die Zucchini in ca. 15 Minuten garen. • Das Gemüse mit dem Pürierstab zerkleinern. • Den Kräuterfrischkäse unterrühren und die Soße nochmals kurz erhitzen. • Die Nudeln in reichlich Wasser mit 1 EL Öl bissfest garen. • Die Babyportion abnehmen, mit einigen Löffeln Soße übergießen und abkühlen lassen. • Die Erwachsenen können bei Bedarf die Soße mit Salz und Pfeffer kräftig abschmecken. • Die Zucchinisoße schmeckt auch zu Pellkartoffeln gut.

Zutaten für ein Kind und 2 Erwachsene:

600 g Möhren

50 g Butter

1/8 l Hühnerbrühe

3 Eier

120 g Weizen-Vollkornmehl

350 ml Milch

1 EL Weizenkeimöl

2 EL Mineralwasser mit Kohlensäure

30 g Sesamsamen

ab dem 10. Monat

Möhren-Eierkuchen

Die Möhren waschen, schälen und in dünne Scheiben schneiden (geht am schnellsten mit dem Gurkenhobel). • Zirka 10 g Butter in einem Topf schmelzen lassen, die Möhren darin andünsten und mit der Hühnerbrühe in ca. 10 Minuten bissfest garen. • Die Eier verquirlen und mit dem Mehl und der Milch verrühren. Öl, Mineralwasser und Sesamsamen hinzufügen und alles zu einem glatten Teig verrühren. • In einer beschichteten Pfanne 1 TL Butter zerlassen. • Die Möhren mit einer Schaumkelle aus der Brühe heben und ein Drittel der Möhren in die Pfanne geben. • Ein Viertel des Pfannkuchenteigs darauf verteilen und zugedeckt bei mittlerer Hitze goldgelb backen. Wenden und fertig backen. • Den Eierkuchen abkühlen lassen und für das Baby klein schneiden • Aus den restlichen Zutaten wie beschrieben zwei Eierkuchen für die Erwachsenen zubereiten. Diese bei Bedarf salzen.

Zutaten für ein Kind und 2 Erwachsene:

50 g Sonnenblumenkerne
120 g Käse, z.B. Gouda
2 Scheiben Vollkornbrot
1 kleine Zwiebel
1 TL Butter
300 g Kohlrabi
300 g Kartoffeln
1 Becher saure Sahne
2 Eier
Butter für die Form

ab dem 11. Monat

Kohlrabi-Kartoffel-Auflauf

Die Sonnenblumenkerne in einer trockenen Pfanne goldgelb rösten. 2 EL beiseite stellen. • Den Käse und das Vollkornbrot im Mixer zerkleinern oder auf einer Reibe raspeln. Die Brösel und die Sonnenblumenkerne mit 2 EL Käse mischen. • Die Zwiebel fein würfeln und in der Butter, bei geringer Hitze, glasig dünsten. • Kartoffeln und Kohlrabi waschen, schälen und beides grob raspeln. Mit dem restlichen Käse und der gedünsteten Zwiebel mischen. • Die Masse in eine gefettete Auflaufform füllen. • Den Backofen auf 180 ° vorheizen. • Saure Sahne und Eier verrühren und über den Auflauf gießen. • Die Bröselmischung darauf verteilen und mit den zurückbehaltenen Sonnenblumenkernen bestreuen. • Den Auflauf nun ca. 40 Minuten backen, bis die Kruste knusprig ist. • Die Erwachsenen können sich den Auflauf vor dem Anrichten noch salzen und pfeffern. Für ein Kleinkind ist das im Käse enthaltene Salz Würze genug.

Bechamelkartoffeln

Die Kartoffeln mit Schale kochen. • In der Zwischenzeit die Zwiebel fein würfeln und in der Butter bei geringer Hitze gardünsten. • Den Schinken in kleine Würfel schneiden und zu der Zwiebel geben. • Das Mehl zufügen und mit einem Schneebesen gründlich verrühren. • Den Topf von der Kochstelle nehmen, die Brühe zugießen und verrühren, bis die Soße klümpchenfrei ist. Nun unter Rühren nochmals aufkochen. • Den Topf wieder von der Kochstelle nehmen, die Milch einrühren und nochmals ca. 5 Minuten bei geringer Hitze kochen lassen. • Die Kartoffeln pellen, in Scheiben schneiden und in die Soße geben. • Die Erwachsenen können sich das Gericht mit frischem Pfeffer aus der Mühle pikant abschmecken. • Dazu passt ein Blattsalat.

Zutaten für ein Kind und 2 Erwachsene:

800 g Kartoffeln
50 g Butter
1 kleine Zwiebel
50 g Räucherschinken
40 g Mehl
¼ l Gemüsebrühe
¼ l Milch

ab dem 11. Monat

Schinkenbananen mit Reis

Den Reis waschen und in der Gemüsebrühe garen, er sollte noch körnig sein. • In der Zwischenzeit die Bananen schälen und in einer beschichteten Pfanne mit der Butter von beiden Seiten leicht anbraten. • Bananen vorsichtig herausnehmen und mit je einer Scheibe Kochschinken umwickeln. • Die Petersilie waschen, hacken und unter den Reis mischen. • Für die Erwachsenen können pro Person zwei Bananen mit Paprika bestreut werden. • Für das Kind die ungewürzte Banane und den Kochschinken klein schneiden. • Dazu passt ein Blattsalat.

Zutaten für ein Kind und 2 Erwachsene:

80 g Langkornreis
¼ l Gemüsebrühe
5 Bananen
3 TL Butter
5 Scheiben Kochschinken
½ Bund Petersilie

ab dem 11. Monat

Brokkoliflan

Brokkoli waschen, putzen und in mundgerechte Stücke schneiden. • In ganz leicht gesalzenem Wasser ca. 8 Minuten kochen, herausnehmen, abtropfen lassen und in eine flache Auflaufform geben. • Saure Sahne, Eier und geriebenen Käse verquirlen. Die Eiermasse über den Brokkoli gießen und im vorgeheizten Backofen bei 200° C ca. 20 Minuten backen, bis die Eiermasse gestockt ist. • Dazu passt Kartoffelbrei.

Zutaten für ein Kind und 2 Erwachsene:

400 g Brokkoli

150 g saure Sahne

2 Eier

100 g geriebener Emmentaler Käse

1 EL Butter

ab dem 11. Monat

Gemüsereis mit Hackfleischklößchen

Zutaten für ein Kind und 2 Erwachsene:

80 g Langkornreis
1 Kohlrabi
200 g Möhren
¼ l Gemüsebrühe
200 g Hackfleisch
1 Eigelb
2 EL Semmelbrösel
1 Prise Salz
1 Bund Dill

ab dem 11. Monat

Den Reis waschen und abtropfen lassen und in der Gemüsebrühe zum Kochen bringen. • Kohlrabi und Möhren waschen, schälen und in kleine Würfel schneiden. Zum Reis geben und mitgaren. Evtl. noch etwas Wasser zufügen. • Den Dill waschen und hacken. • Das Hackfleisch mit Eigelb, Salz, Semmelbrösel und 1 EL gehacktem Dill verkneten, zu kleinen Klößen formen und auf den Gemüsereis geben. • Zugedeckt noch ca. 10 Minuten bei geringer Hitze garen. • Den restlichen Dill vor dem Servieren darüber streuen.

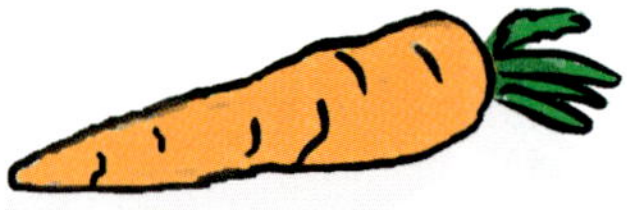

Spirelli mit Gemüsesoße

Die Spirelli in Salzwasser bissfest garen, durch ein Sieb abgießen und warm stellen. • Zwiebel und Möhren schälen und auf einer Reibe raspeln. • Das Öl erhitzen und die Zwiebel und die Möhren darin andünsten. • Die Tomaten kreuzweise einschneiden, mit kochendem Wasser übergießen, kurz darin liegen lassen und dann abziehen, klein schneiden und zu dem anderen Gemüse geben. • Alles bei geringer Hitze ca. 10 Minuten garen. • Das Mehl darüber stäuben und verrühren, nochmals kurz aufkochen, dann von der Kochstelle nehmen und die Sahne einrühren. • Eine Portion ungewürzte Soße für das Kind beiseite stellen. • Die Soße für die Erwachsenen mit Salz, Pfeffer und Paprika abschmecken und zu den Nudeln reichen.

Zutaten für ein Kind und 2 Erwachsene:

200 g Spirelli-Nudeln
Jodsalz
1 EL Keimöl
300 g Tomaten
100 g Möhren
1 kleine Zwiebel
1 TL Mehl
4 EL Sahne

ab dem 11. Monat

Seelachs mit Apfelhaube

Seelachsfilets waschen, mit Küchenkrepp trockentupfen, salzen und mit Zitronensaft beträufeln. • Äpfel waschen, schälen, vierteln, das Kerngehäuse herausschneiden und grob raspeln. • Saure Sahne mit dem Eigelb verquirlen und mit den Äpfeln mischen. • Die Fischfilets in eine Auflaufform geben, mit der Apfelmasse bedecken und im vorgeheizten Backofen bei 200° C ca. 25 Minuten backen. • Dazu passen Pellkartoffeln.

Zutaten für ein Kind und 2 Erwachsene:

500 g Seelachsfilet
1 Prise Salz
1 TL Zitronensaft
250 g Äpfel
100 g saure Sahne
1 Eigelb

ab dem 12. Monat

Königsberger Topf

Die Kartoffeln waschen, schälen, in kleine Stücke schneiden und knapp mit Wasser bedeckt in leicht gesalzenem Wasser zum Kochen bringen. • Das Hackfleisch mit Semmelbrösel, Ei und sehr wenig Salz verkneten, kleine Kugeln formen und zu den Kartoffeln geben. • Bei geringer Hitze ca. 15 Minuten weitergaren. • Das Mehl darüber stäuben und unter Rühren nochmals kurz aufkochen. Den Topf von der Kochstelle nehmen und den Zitronensaft einrühren. • Für das Kind eine Portion beiseite stellen. • Für die Erwachsenen die Soße mit Pfeffer und Kapern pikant abschmecken. • Dazu passt Möhrengemüse oder ein Blattsalat.

Zutaten für ein Kind und 2 Erwachsene:

500 g Kartoffeln

300 g gemischtes Hackfleisch

3 EL Semmelbrösel

1 Ei

1 TL Mehl

Jodsalz

Pfeffer

Kapern

1 EL Zitronensaft

ab dem 12. Monat

Frühstücksideen für Kinder ab 12 Monaten

Viele Kinder trinken morgens nach dem Aufstehen gerne noch eine Flasche Folgemilch (oder werden gestillt). Dies kann als Frühstück ausreichend sein. Im zweiten Lebensjahr lässt natürlicherweise das Saugbedürfnis nach und sollte nun auch nicht mehr künstlich wach gehalten werden. Je nachdem, wie vollständig das Gebiss schon ist, kann Ihr Kind nun Brot, Müsli und Obst zum Frühstück essen. Aus dem Trinklernbecher gibt es Kräutertee, Milch oder verdünnten Saft dazu. Auch hier sollten natürlich die Vorlieben und Abneigungen des Kindes berücksichtigt werden. Manche Kinder lieben Müsli oder Brei, andere bevorzugen Brot. Viele essen gern Käse, so wie Mama oder Papa, andere mögen lieber Marmelade. Auch beim Frühstück wird sich Ihr Kind an Ihrem Beispiel orientieren.

Bananenbrot

Zutaten für 1 Portion:

1 Scheibe Vollkornbrot
Butter
1 kleine Banane

ab dem 12. Monat

Brot mit Butter bestreichen, die Banane schälen und in Scheiben schneiden. • Das Brot damit belegen und ein wenig andrücken. • In mundgerechte Häppchen schneiden.
Dazu einen Becher Vollmilch reichen.

Cornflakes-Apfel-Frühstück

Zutaten für 1 Portion:

4–5 EL ungezuckerte Cornflakes

1 Tasse Milch

1 kleiner Apfel

ab dem 12. Monat

Cornflakes mit warmer Milch übergießen. • Den Apfel schälen, grob raffeln und unter die Cornflakes mischen.
Zum Trinken gibt es ungesüßten Kräutertee.

Käsehäppchen

Brot mit Frischkäse bestreichen. • Die Birne schälen, vierteln und das Kerngehäuse herausschneiden. • Die Viertel in kleine Scheiben schneiden und das Brot damit belegen. • In mundgerechte Häppchen schneiden.
Dazu einen Becher Milch reichen.

Zutaten für 1 Portion:

1 Scheibe Vollkornbrot
2 TL Frischkäse
1 kleine Birne

ab dem 12. Monat

Brötchen mit Obstquark

Den Quark mit dem Orangensaft glatt rühren. • Die Banane schälen, in kleine Würfel schneiden und unter den Quark mischen. • Das Brötchen in drei Scheiben schneiden. • Mit dem Obstquark bestreichen. • In mundgerechte Häppchen schneiden.
Dazu einen Becher Milch reichen.

Zutaten für 1 Portion:

2 EL Speisequark
Saft einer halben Orange
½ Banane
1 kleines Vollkornbrötchen

ab dem 12. Monat

Butterbrot mit Konfitüre

Vollkorntoastbrot dünn mit Butter bestreichen. • Konfitüre darauf verteilen und in kleine Stückchen schneiden. • Den Apfel schälen, vierteln und das Kerngehäuse herausschneiden. • In mundgerechte Häppchen schneiden.
Dazu einen Becher Milch reichen.

Zutaten für 1 Portion:

1 Scheibe Vollkorntoastbrot

Butter

½ TL Erdbeer-Konfitüre

1 kleiner Apfel

ab dem 12. Monat

Haferflockenmüsli

Haferflocken in einem tiefen Teller mit den gewaschenen Rosinen mischen. • Die Banane schälen, in dünne Scheiben schneiden und zum Müsli geben. • Die lauwarme Milch darüber gießen.
Bei Bedarf Kräutertee oder verdünnten Saft reichen.

Zutaten für 1 Portion:

30 g (4 EL) blütenzarte Haferflocken

½ Banane

1 EL Rosinen

200 ml Milch

ab dem 12. Monat

Sommerfrühstück

Zutaten für 1 Portion:

1 Scheibe Vollkorn-toastbrot

Butter

2 EL Hüttenkäse

50 g Erdbeeren oder Blaubeeren

ab dem 12. Monat

Das Brot mit Butter bestreichen und den Hüttenkäse darauf verteilen. • Beeren putzen und waschen, mit einer Gabel leicht zerdrücken und auf dem Hüttenkäse verteilen. • In mundgerechte Häppchen schneiden.
Dazu gibt es einen Becher verdünnten Apfelsaft.

Möhrenbrot

Zutaten für 1 Portion:

1 Scheibe Mischbrot
Butter
2 EL Hüttenkäse
1 mittelgroße Möhre

ab dem 12. Monat

Das Brot mit Butter und Hüttenkäse bestreichen. • Die Möhre waschen, mit dem Gemüseschäler dünn schälen, auf einer Reibe grob raffeln und auf dem Hüttenkäse verteilen. • In mundgerechte Häppchen schneiden.
Dazu gibt es einen Becher Kräutertee.

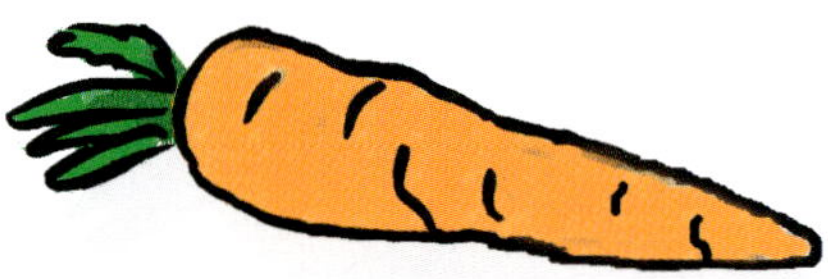

Himbeerquark mit Brötchen

Quark mit Milch und Honig glatt rühren. • Himbeeren oder Obstmus dazugeben. • Aus einem Schälchen löffeln lassen. • Dazu gibt es ein weiches Brötchen.
Als Getränk einen Becher Kräutertee reichen.

Zutaten für 1 Portion:

3 EL Speisequark

5 EL Milch

50 g Himbeeren (frisch oder tiefgefroren oder Obstmus)

1 TL Honig

1 weiches Brötchen

ab dem 12. Monat

Käsebrot mit Kiwi

Brot mit Butter bestreichen. • Käsescheibe auflegen und in mundgerechte Häppchen schneiden. • Die Kiwi schälen und in kleine Stücke schneiden. Dazu gibt es einen Becher Milch.

Zutaten für 1 Portion:

1 Scheibe Mischbrot
Butter
1 Scheibe Butterkäse
1 Kiwi

ab dem 12. Monat

Abendbrot für Kinder ab 12 Monaten

Abends sind die Kinder oft schon zu müde, um noch ausgiebig zu essen. Sie brauchen jedoch ausreichend Nahrung, um satt und zufrieden schlafen zu gehen und nachts keinen Hunger zu bekommen. Probieren Sie aus, womit Ihr Kleines am besten zurechtkommt – Brei oder Brot, warm oder kalt. Wenn Ihr Kind abends am liebsten Brei mag, eignen sich auch jetzt noch die Rezepte von Seite 70 bis 92.

Wichtig ist, dass Ihr Kind abends ca. 200 ml Milch bekommt oder Milchprodukte.

Im Folgenden einige Vorschläge für das Abendessen.

Zutaten für 1 Portion:

200 ml Milch
30 g Vollkorngrieß
1 TL Butter
½ Banane
1 TL Orangensaft

ab dem 12. Monat

Grießschnitten

Den Backofen auf 200° C vorheizen. 125 ml Milch aufkochen und unter Rühren den Grieß zugeben und bei schwacher Hitze ausquellen lassen. • Wenn der Brei dick genug ist, die Butter einrühren. • Den Brei in ein Ragout-Fin-Förmchen füllen und im Backofen in ca. 15 Min. hellbraun überbacken. • Die restliche Milch mit der Banane und dem Orangensaft pürieren und alles in einen tiefen Teller gießen. • Den Brei aus dem Förmchen lösen, in Scheiben schneiden und in die Soße legen. • Als Getränk gibt es stilles Mineralwasser oder Kräutertee.

Dattelmüsli

Die Milch erhitzen. • Einen Zwieback auf einem Stück Küchenkrepp mit dem Nudelholz zerdrücken. Haferflocken und Zwiebackkrümel in eine Schüssel geben und mit der Milch übergießen. Ca. 30 Minuten quellen lassen. • Die Datteln entkernen und in kleine Stücke schneiden. • Den Apfel waschen, schälen und grob raffeln. • Alles mit dem Müsli vermischen. • Wenn Ihr Kind es lieber warm mag, zuvor kurz erhitzen. • Als Getränk eignet sich verdünnter Saft oder Kräutertee.

Zutaten für 1 Portion:

200 ml Milch

4 EL blütenzarte Haferflocken

2 EL zerdrückter Vollkornzwieback

50 g Datteln, ca. 5 – 6 Stück

½ Apfel

ab dem 12. Monat

Grießbrei mit Sanddornsaft

Zutaten für 1 Portion:

200 ml Milch
3 EL Vollkorngrieß (30 g)
3 EL Sanddornsaft

ab dem 12. Monat

Die Hälfte der Milch erhitzen. Den Grieß unter Rühren zugeben, aufkochen und bei schwacher Hitze unter Rühren in ca. 3 Minuten ausquellen lassen. • Den Topf von der Kochstelle nehmen und die restliche Milch mit dem Schneebesen unterschlagen. • Den Brei in ein Schälchen füllen und den Sanddornsaft darüber gießen. • Als Getränk Wasser oder Kräutertee reichen.

Zwieback-Möhren-Brei

Zutaten für 1 Portion:

200 ml Milch

4 Vollkornzwiebäcke

1 Möhre (mittelgroß, ca. 120 g)

1 TL Butter

ab dem 12. Monat

Die Zwiebäcke in einen tiefen Teller legen, die Milch erhitzen und über die Zwiebäcke gießen. • Die Butter zugeben und mit einer Gabel alles zu Brei verarbeiten. • Die Möhre waschen, schälen und reiben, das Möhrenmus unter den Brei rühren. • Als Getränk Wasser oder Kräutertee reichen.

Zutaten für 2 Portionen:

150 ml Milch
40 g Haferflocken
1 EL Mehl
1 Ei
1 Prise Salz
1 TL Butter
1 TL Marmelade

ab dem 12. Monat

Haferflocken-Pfannkuchen

Die Haferflocken in die Milch rühren und 30 Minuten quellen lassen. • Mehl, Ei und Salz zufügen und zu einem glatten Teig rühren. • Jeweils einen halben Teelöffel Butter in einer beschichteten Pfanne schmelzen und nacheinander zwei Pfannkuchen darin backen. • Die Pfannkuchen mit Marmelade bestreichen und in mundgerechte Häppchen schneiden. • Gut dazu schmeckt Apfelmus. • Der zweite Pfannkuchen kann auch kalt zum Frühstück gegessen werden.

Käsebrot mit Kohlrabistiften

Zutaten für 1 Portion:

1 Scheibe Mischbrot

Butter

1 Scheibe Butterkäse

¼ Kohlrabi

ab dem 12. Monat

Das Brot mit Butter bestreichen, den Käse auflegen und in mundgerechte Häppchen schneiden. • Den Kohlrabi schälen und in dünne Stifte schneiden, sodass das Kind davon abbeißen kann. • Als Getränk einen Becher Milch dazu reichen.

Zutaten für
1 Portion:

1 Scheibe Vollkornbrot

Butter

1 Scheibe magere Wurst,
z.B. Putenmortadella

1 Stück Salatgurke

ab dem 12. Monat

Wurstbrot mit Gurkenscheiben

Das Brot mit Butter bestreichen, die Wurst auflegen und in mundgerechte Häppchen schneiden. • Die Gurke schälen und in dünne Scheiben schneiden. Die Gurkenscheiben vierteln und auf jedes Häppchen ein Gurkenstück legen. • Als Getränk gibt es einen Becher Milch.

Zutaten für 1 Portion:

2 Scheiben Vollkorntoastbrot

1 Ei

5 EL Milch

Butter zum Braten

1 EL Schnittlauchröllchen

ab dem 12. Monat

Arme Ritter

Milch und Ei in einem tiefen Teller mit einer Gabel verschlagen. • Das Brot in die Eiermilch legen, bis die Flüssigkeit aufgenommen ist. • Butter in einer beschichteten Pfanne erhitzen und die Brotscheiben darin von beiden Seiten goldbraun braten. • Das Brot auf einen Teller legen, mit Schnittlauchröllchen bestreuen und in mundgerechte Häppchen schneiden. • Als Getränk Wasser oder Kräutertee reichen.

Alle Rezepte auf einen Blick